PRATIQUES
DES
HAREMS MAROCAINS

édition originale
Librairie orientaliste Paul Geuthner, 1925

Editions du Sirocco
4, rue Imilchil
Casablanca 20200 – Maroc
editions-du-sirocco@menara.ma

ISBN 9954-8851-3-7
© Editions du Sirocco, Casablanca, 2008,
pour la présente édition

A.-R. de Lens

PRATIQUES

DES

HAREMS MAROCAINS

Editions
du Sirocco

Avant-propos de l'éditeur

C'est en 1925 que les « Pratiques des harems[1] marocains » ont été pour la première fois rassemblées et publiées en un volume.

Ces remèdes secrets ancestraux, traditionnellement détenus par « les vieilles », transmis oralement ou par l'exemple de génération en génération, avaient pu être recueillis par Aline R. de Lens, à titre de documentation pour ses ouvrages, grâce à sa connaissance de la langue et des coutumes du pays ainsi qu'à la sympathie et la confiance acquises auprès de familles marocaines.

Ses recherches avaient suscité l'intérêt des médecins européens souhaitant à la fois connaître et comprendre la mentalité des populations qu'ils étaient appelés à soigner, et être mieux avertis de ces traitements. En découvrant certains des ingrédients ou méthodes utilisés, on peut facilement concevoir qu'ils pouvaient être la véritable cause du mal ou de son aggravation. Pendant près d'une année, les recettes recueillies avaient été publiées dans Maroc Médical, journal professionnel de cette époque.

Les études sur la médecine traditionnelle ont montré qu'elle reposait essentiellement sur la combinaison de deux influences.

On y trouve bien des connaissances du pouvoir de guérison de certaines plantes, héritées de la médecine gréco-arabe et qui ont fait l'objet d'une transmission savante comme populaire,

---

[1]. Pour une appréhension plus juste du concept de « harem », loin des stéréotypes qu'il véhicule habituellement, on pourra se référer à : *Rêves de femmes,* de Fatéma Mernissi, Fennec Poche 2007 (p 305 note 4).

en utilisant la riche pharmacopée végétale locale[1].

Le deuxième aspect marquant est la pratique de certains rituels engendrés par des croyances au magique et au sacré. Car, en effet : « Cette thérapeutique est fondée sur un principe mystique… : le mal n'est pas d'ordre naturel : le remède ne doit pas l'être non plus…les grands ressorts de cette thérapeutique… : le désir d'expulser le mal conçu comme un agent conscient, un génie ou plusieurs, l'idée de l'action du semblable sur le semblable… »[2].

Certains de ces remèdes peuvent aujourd'hui prêter à sourire, devant l'imagination stupéfiante et l'irrationalité dont ils faisaient preuve. D'autres s'avèrent quasiment effrayants : si l'on entrevoit, à la lumière des savoirs modernes, les conséquences dramatiques qu'ils ont pu avoir sur les patients qui y ont été soumis, ils nous révèlent en même temps un monde occulte dans lequel le terme « remède » ne semble plus avoir la même signification.

L'intérêt à la fois ethnographique et médical qui a conduit à la collecte de ces recettes au début du 20ème siècle est, en quelque sorte, toujours d'actualité : ne voit-on pas aujourd'hui paraître quantité d'ouvrages dans lesquels des sociologues, des anthropologues, des ethnographes, des psychologues, des philosophes, des historiens …s'interrogent sur les pratiques de santé qualifiées de « différentes », « alternatives », « parallèles », « douces », « naturelles », « traditionnelles » … ?

---

1. Cf. : *La pharmacopée marocaine traditionnelle – médecine arabe ancienne et savoirs populaires*, de Jamal Bellakhdar, Ibis Press 1999.
2. H. Basset, in Hespéris Vol. 5, 1925, Comptes rendus, pp 133-135

Si ces méthodes thérapeutiques « autres » sont l'objet de tant d'attention c'est que leur usage croissant est constaté, aujourd'hui, dans les sociétés occidentales contemporaines, alors que l'on est généralement porté à penser qu'elles étaient réservées aux sociétés dites « primitives », ou « en développement » de nos jours. Les limites de la médecine scientifique, bien que repoussées un peu plus chaque jour, en sont-elles la cause ? Ou bien la persistance de cette recherche d'apaisement des souffrances par des voies autres que la rationalité doit-elle nous amener à ne pas négliger, dans l'arrogance de nos certitudes d'hommes modernes et instruits, les rapports entre le corps, la conscience, l'esprit et même les êtres surnaturels utilisés par les thérapeutiques traditionnelles ? Des chercheurs travaillent aujourd'hui dans ce sens pour proposer les bases d'une psychopathologie « enfin scientifique ».[1]

La particularité des recettes recueillies par Aline R. de Lens dans les années 1920 est leur source, orale et, surtout, féminine ; ainsi, en sus des remèdes de médecine ou de beauté, elle révèle certains « des secrets que les femmes n'avoueront jamais » aux hommes, parce qu'ils sont (étaient) destinés à assurer leur domination sur ces derniers. Dans sa préface, elle nous dévoile la légende qui en serait à l'origine. Cet autre monde est assurément envoûtant !

---

[1]. Voir : *Médecins et sorciers*, de Tobie Nathan et Isabelle Stengers, éd. Empêcheurs de Penser en Rond, 2004.

Avertissement

Il est bien entendu que la réédition de ce recueil a été motivée uniquement par le souhait de rendre disponible de nouveau un ouvrage que l'on peut considérer comme un document à caractère anthropologique.

Il est formellement déconseillé de tenter de réaliser les « remèdes » donnés, qui pourraient s'avérer extrêmement dangereux pour la santé. La responsabilité de l'éditeur ne saurait être engagée si des lecteurs s'avisaient de passer outre cet avertissement.

La Médecine des Indigènes Marocains

> O regret de ce qui passa !
> Contentement et joie !
> Le temps s'est écoulé,
> Avec lui les instants de quiétude.
> Ah ! séparation des demeures andalouses
> Puissé-je t'oublier,

chantent encore les musiciens maures, dans toutes les villes du Moghreb, de Marrakech à Tlemcen.

Car les Marocains gardent toujours, — précieux, vivace et lancinant — le souvenir des temps où leurs ancêtres dominaient l'Europe et transmettaient, aux Barbares du Nord, le glorieux héritage de science et d'art qu'ils avaient recueilli de tout le monde antique : Persans, Byzantins, savants d'Alexandrie et de Carthage.

En quittant l'Espagne, les maîtres artisans emportèrent avec eux l'art des bijoux, des enluminures, des mosaïques, des fers niellés et de la peinture à l'œuf. Les docteurs en droit canon — que forme, à Fès, l'Université de Qaraouiine — sont aussi doctes et subtils que les illustres jurisconsultes de

Cordoue, les Ibn Acem et les Sidi Khelil. Les musiciens ont gardé le rebec[1] et le luth, qu'ils enseignèrent aux troubadours d'Espagne, de France et d'Italie.

Mais où sont les disciples des savants qui révélèrent à notre Moyen-Age les doctrines des Grecs et les secrets de l'Orient ?

…Des lettrés citent quelques vieux noms : Aristotélès, Aflatoun, Hippocratès[2] ? Ceux-ci furent les sages auxquels Allah dispensa la Vérité, avant de révéler, en son Coran parfait, l'essentiel et le suffisant. C'est à peu près tout ce qu'ils en savent.

Où sont les mathématiciens qui inventèrent l'algèbre, qui imposèrent à l'Europe les chiffres arabes, vraiment scientifiques, en remplacement des vieux chiffres romains, basés sur la représentation des doigts et de la main ?... Les astronomes, qui initièrent nos ancêtres à la science des astres, et fabriquèrent, pour les rois de la Chrétienté, ces étonnants astrolabes où sont indiqués les mouvements des planètes, la hauteur du soleil suivant les saisons, les calculs à faire selon la latitude ?... Et les alchimistes qui, dans leurs alambics, distillèrent les essences, qui nommèrent l'alcool et l'alcali ?...

Où sont les médecins qui nous firent connaître, en la développant, la méthode d'Hippocrate ?... Alors, dans toutes les cours de l'Europe, les princes étaient soignés par des docteurs arabes ou juifs. Les papes avaient appelé, dans leur célèbre faculté de Montpellier, des médecins maures dont les étudiants chrétiens recherchaient l'enseignement. Et le costume bizarre, conservé par nos praticiens jusqu'au XVIIe siècle, était peut-être le témoin des lévites et des coiffures portées par ces maîtres orientaux.

Aujourd'hui, dans le Maroc entier, on chercherait vainement un mathématicien, un astronome, un alchimiste, un médecin.

Rares sont les lettrés qui possèdent assez les règles des fractions pour partager un patrimoine entre des héritiers. Les meilleurs mouaqqit, les

---

1. Rebec : instrument de musique à trois cordes et à archet, à caisse en forme de poire, en usage au Moyen Âge.
2. Aristote, Platon, Hippocrate. (*Note de l'auteur.*)

« *sachant le temps* », *peuvent tout juste, avec un quart de cercle, calculer l'heure des cinq prières.*

Dans les alambics, les Musulmans ne distillent plus que l'eau de roses et les Juifs, que l'enivrante mahia[1] de figues.

Les grands médecins andalous sont remplacés par des apothicaires, des écrivains publics (Tolba) qui vendent, aux naïfs bédouins, des amulettes et des recettes magiques. Dans leurs boutiques, les barbiers pratiquent des saignées, arrachent les dents et propagent la teigne ; quelques-uns, tant bien que mal, reboutent un membre cassé.

A travers les maisons, partout où gémit un malade et se lamentent les parents, s'imposent les vieilles dont l'imagination redoutable va chercher, — pour en composer leurs mixtures — les simples, les excréments et les poudres de métaux.

❧

Les vieilles ! En toute société primitive, elles passent pour connaître les choses secrètes. Leurs bouches édentées dispensent les sorts et les guérisons, leurs robes sentent la magie…

Ce sont les Sybille et Pythie des Anciens, les sorcières du Moyen-Age, les matrones des pays d'Orient.

Une légende révèle, au Maroc, l'origine de ce pouvoir mystérieux :

En l'antiquité du temps et le passé des âges, des vieilles voulurent s'emparer du diable.

— Que ferons-nous pour l'attirer ? — se demandèrent-elles.

Le diable arrive toujours dans une dispute ; les vieilles se mirent à s'injurier.

Vint le diable. Alors les cris se changèrent en gémissements.

---

1. Mahia : alcool à base de figues, de raisins et de miel.

— Qu'avez-vous ? — dit le diable.

— C'est, — répondirent les vieilles, — que le diable est mort.

— Mensonge et rien de plus ! Je suis le diable.

— Il est mort, te disons-nous. Toi, nous ne te connaissons pas.

— J'ai dit vrai !

— Entre dans cette amphore et nous te croirons.

Il entra et les femmes, vite, fermèrent l'amphore.

— Ouvrez-moi ! — cria-t-il en s'agitant.

— Par le feu ! nous ne te libèrerons pas.

— Chiennes !... Chamelles !... Prostituées !...

— Toi ! le borgne ! Possesseur d'un seul cheveu !

— O mes filles ! délivrez-moi et je vous rendrai le bien !

— Comment ferais-tu le bien, toi, Père du Mal ?

— Je vous apprendrai le moyen de l'emporter sur les hommes.

Les vieilles consentirent, et il leur enseigna la sorcellerie, ainsi que l'art de guérir tous les maux.

☙❧

Certes la résignation devient facile au « fils d'Adam » lorsqu'il est assuré d'avoir les soins de ces savantes vieilles. S'il geint, sans discontinuer, c'est moins par impatience et douleur que pour se conformer aux usages.

Car la « caidat »[1] dirige impérieusement la conduite du malade et de ceux qui l'entourent.

Dès qu'un Marocain se sent atteint, — de fièvre, de toux, de douleurs ou de maladie contagieuse, — il se rend au hammam et s'y purifie.

Mais il n'est pas rare, malgré les bienfaits du hammam, qu'à son retour il ne puisse plus se relever. Étendu sur ses matelas, il soupire,

---

1. Coutume, tradition. (*Note de l'auteur.*)

tandis qu'une affluence d'amis l'entourent, l'interrogent sur son état et s'exclament :

— Nous sommes dans la main d'Allah !

— Lui seul accorde la guérison !

Ils citent d'autres cas de maladies semblables et conseillent des remèdes qui réussirent étonnamment.

Et le patient, tout en geignant et en se retournant sur sa couche, scande poliment d' « Allah ! » les paroles de ses visiteurs ; prononce les formules séantes qui éloigneront d'eux l'affliction ; raconte à tous les moindres détails de ses maux. Cela, jusqu'à ce que la fièvre ou la souffrance trouble son entendement.

Les médecins chrétiens blâment ces visites. Cependant, le Marocain ne saurait s'en passer. N'est-ce pas dans l'épreuve qu'il dénombre ses véritables amis ? Laissé seul avec les siens, il aurait l'impression fâcheuse que déjà ce bas monde le fuit...

Dès que les visiteurs s'éloignent, les femmes de la maison prennent leur place et recommencent les mêmes questions. La matrone — la toubiba — qu'elles envoyèrent quérir, interroge le malade et promulgue son ordonnance. Elle donne de minutieuses explications sur la manière de préparer les remèdes, sur les soins à prendre et les paroles à proférer. Elle-même compose certaines mixtures délicates. Dans les familles riches, elle s'installe à demeure durant le temps de la maladie ; elle y est entretenue, nourrie, et ses honoraires s'élèvent à un demi-réal[1] par jour, plus un caftan défraîchi, une sebenia[2] usagée ou toute autre gratification qu'il convient d'ajouter, lorsque le malade a guéri par ses soins.

— Il faut tel remède, fait de telle et telle chose, — a dit la vieille.

Aussitôt une esclave s'en va au souk des apothicaires. Ils sont là, dix ou quinze boutiquiers, en leurs officines minuscules, emplies pareillement d'herbes diverses, de poudres, de graines, de serpents et de corbeaux desséchés, de pattes de hérissons, de crânes de vautour. Ce sont eux qui

---

1. Le demi-réal vaut deux francs cinquante. (*Note de l'auteur.*)
2. Sebenia : foulard.

procureront le « scorpion tué un jeudi », le caméléon vivant ou « l'eau provenant de la neige que l'on recueille sur les montagnes », si personne, dans l'entourage du malade, n'a pris la précaution de s'approvisionner de ces choses nécessaires, lorsque l'occasion s'en présentait.

La matrone et les femmes dosent les ingrédients et font cuire le remède selon les règles, puis on l'administre au malade, — il gémit — chacune lui dispense encouragements et consolations.

— Tu guériras bientôt, si Allah le veut...

Lorsqu'enfin le malade entre en convalescence et que les mauvais esprits ont été chassés de son corps, il importe de le purifier.

Les pauvres se contentent du hammam voisin. Ceux qui le peuvent vont à Moulay Yacoub.

La célèbre source sulfureuse doit son efficacité aux vertus du saint qui la fit jaillir du rocher. Elle voit défiler les mêmes êtres dolents, lamentables et ravagés, pleins de foi et d'exaltation, que les grottes de Lourdes. Ce sont teigneux, galeux, gens couverts de plaies, d'ulcères et de pustules.

Tous ensemble, ils se plongent dans les bassins et s'en vont réconfortés : Moulay Yacoub, maître du chaud et du froid, les guérira.

Par prudence, il n'est pas inutile non plus d'exorciser les démons, qui lâchèrent leur proie, mais pourraient bien revenir. Contre eux, fort heureusement, existent de très anciennes pratiques dont l'effet est infaillible :

Porter, sous le turban, ou suspendues aux vêtements, des amulettes où s'inscrivent les noms de tous les esprits.

Appeler les Gnaoua[1] dans sa maison et leur faire conjurer les sept démons principaux — les Soudanais ont commerce habituel avec eux.

Égorger un bouc noir aux génies des sources voisines.

Et telles autres pratiques dont les « tolba », qui siègent sur les places publiques, indiquent les règles pour trois à cinq pésétas, suivant leur science et la fortune du consultant. Connaisseurs de pareils arcanes, ces guérisseurs sont modestes dans leurs exigences. Il est vrai que le client,

---

1. Gnaoua : musiciens noirs originaires de Guinée.

rendu à la santé, leur marquera sa reconnaissance par l'octroi d'une
« tchamir[1] » ou d'une « ferajia[2] » de cotonnade.

Les simples d'esprit et les superstitieux recourent volontiers à eux, car
— plus encore que celles des matrones — leurs prescriptions fraternisent
avec la magie.

Néanmoins, il est avéré que, seules, les vieilles possèdent le savoir et
les secrets efficaces.

※

Les innombrables conseils des matrones, des tolba, des apothicaires et
des amis ont ceci de consolant que, par leur multitude, ils laissent toujours
place à l'espérance. Tour à tour si la guérison tarde, le malade entendra
vanter trente traitements, tous étonnants, tous divers.

Il y a pourtant un point sur lequel s'accorde son entourage : C'est
le grand danger de recourir aux médecins européens. Chacun cite des
anecdotes concluantes : le malheureux auquel un toubib ne permit que
des pommes de terre et qui mourut d'inanition, lui dont la faiblesse aurait
nécessité de fortes nourritures ! Ceux dont les chirurgiens ouvrent le
ventre ! Les femmes qu'ils accouchent avec des instruments en acier !...

Cependant le malade, s'il est instruit, s'il a fréquenté des Européens,
réclame l'assistance de ces étrangers qui ont étudié dans les livres et dont
quelques-uns vantent la science et la perspicacité. Les femmes ne cèdent à
son désir qu'à la dernière extrémité, malgré elles, parce qu'il touche à la
mort, ou qu'il a su les faire taire et imposer sa volonté.

Et lorsque le médecin est venu, toutes les résistances s'opposent à
ses prescriptions. Les médicaments, passe encore — les indigènes aiment
fort les remèdes — mais les soins, l'hygiène, les régimes ne sont jamais
observés.

---

1. Tchamir (ou qamis) : longue chemise légère.
2. Ferajia (farajiya) : tunique légère souvent transparente, largement
fendue sur les côtés et portée sur le caftan.

D'ailleurs, à moins que la potion ne fasse un effet immédiat, l'entourage du malade lui persuade que ce médecin ne connaît pas le mal qui le tient.

Que parle-t-il de diète et de ménagements à celui qui souffre de dysenterie, alors que la matrone déclare qu'il s'agit d' « un froid » et qu'il suffit de lui réchauffer le ventre, avec des aliments appropriés ?

Le malade hésite. Il prend la mixture préparée par la vieille en même temps que les cachets du médecin.

— L'un ou l'autre agira — pense-t-il en son âme.

— S'il guérit, il préconisera les remèdes de la matrone, et, s'il meurt, c'était écrit sur son destin.

Allah seul est durable !

C'est à Lui que nous retournerons...

MÉDECINE GÉNÉRALE

MÉDECINE GÉNÉRALE

REMÈDES POUR CELUI « À QUI VIENT CONSTAMMENT LE SOMMEIL »

Apporter de la terre prise à une fourmilière de fourmis rouges
La délayer avec de l'eau et l'avaler.

※

Laisser du couscous dans sa marmite jusqu'à ce que chante le muezzin du soir.

A ce moment, on renversera la marmite à la tête du malade en disant :

— Nous avons renversé ce couscous pour que s'en aille de toi le sommeil.

REMÈDE POUR CELUI QUI, « AYANT LA FIÈVRE, A PRIS FROID »

Quelqu'un des siens ira dans le bled. Il y cherchera les os d'un animal mort : chameau, âne ou vache.

Il faudra les faire bouillir et en recueillir la vapeur dans un couscous que mangera le malade.

Le couvrir beaucoup, afin qu'il transpire.

REMÈDES CONTRE LES FIÈVRES PALUDÉENNES

Une femme, de la maison du malade, doit aller à la fontaine et recueillir un peu de la boue déposée par l'eau, en disant :

— Je te salue ! o fontaine, et tu ne me rends pas le salut ! Un tel, — ou une telle, — est malade de la fièvre.

Puis elle rapportera la boue et en déposera au-dessus de la tête et en dessous des pieds du malade.

A l'aube suivante, elle prendra cette boue et la rapportera à la fontaine, en silence pendant tout le chemin.

Il ne faut pas qu'elle ait prononcé une parole depuis son lever.

Arrivée à la fontaine, elle dira :

— Un tel a reposé cette nuit. (Même si cela n'est pas.)

Et le malade guérira.

⁂

Piler des clous de girofle.

Au moyen de bandages, on maintiendra cette poudre autour d'un pouce et du gros orteil correspondant du malade.

Le couvrir beaucoup, afin qu'il transpire.

⁂

Piler du benjoin blanc, du persil, de la coriandre.

En enduire tout le corps du malade et lui en faire avaler en disant :

— Nous transpirons avec le froid et le chaud. Maintenant la sueur froide est en toi jusqu'au « Dohor »[1] de demain.

⁂

Il faut que sept vierges donnent un peu d'argent avec lequel on achètera du henné.

En teindre les pieds et les mains du malade.

Lui attacher, aux poignets et aux chevilles, des liens faits avec la laine dont on coud les bâts des ânes.

Le lendemain, enfumer le malade avec les rognons d'un mouton tué à l'Aïd el Kebir[2].

---

1. Prière du muezzin au moment où le soleil est à son point culminant. (*Note de l'auteur.*)

2. Aïd el Kebir : fête commémorant le sacrifice d'Abraham.

MÉDECINE GÉNÉRALE

REMÈDE CONTRE LES DOULEURS INTERCOSTALES

Amener, chez le malade, des sœurs de même père et de même mère.

Elles poseront, à l'endroit douloureux, la poignée d'une meule à main, qu'elles feront tourner comme si elles voulaient moudre, en disant :

— Nous t'avons repassé avec la meule. Tu ne reviendras plus, jusqu'au moment du cimetière.

REMÈDE CONTRE LES INSOMNIES

Piler de la coriandre verte et en boire le jus.

Mettre quelques brins de coriandre sous l'oreiller de son lit.

Se lever de très bonne heure, avant que sortent les humains et les premiers troupeaux de vaches.

Emporter la coriandre, sur laquelle on a dormi, et la jeter dans une fontaine.

REMÈDE PRÉVENTIF CONTRE TOUTES LES MALADIES

Le jour de la « grande fête », les Musulmans ont coutume de distribuer du grain aux mendiants. Si l'on veut éviter d'être malade pendant l'année, il faut mesurer autant de poignées de grains qu'il y a de maladies possibles, en disant chaque fois :

— Ceci est pour préserver mon œil droit.

— Ceci est pour préserver mon œil gauche.

— Ceci, pour préserver ma tête.

— Ceci, contre le « Père des pustules rouges » (la rougeole), etc.

Sans omettre de sauvegarder aucun doigt de chaque main et de chaque pied, ni aucune partie du corps. Malheureusement, il arrive toujours qu'on en oublie quelqu'une, en sorte qu'il est presque impossible d'éviter tous les maux auxquels le serviteur d'Allah est sujet.

REMÈDE CONTRE TOUTES SORTES DE MAUX

Se placer devant un âne qui pète et se frotter les doigts, phalanges contre phalanges, en disant :
Aïe ! Aïe ! sur le Père du Mal !
Aïe ! Aïe ! sur le Père du Mal !
sans se lasser, jusqu'à ce que l'âne ait fini de péter.

REMÈDE « POUR TOUTES LES MALADIES QUI SE PROLONGENT »

Sept personnes, de sept familles différentes, iront, chacune de son côté, chez sept autres chez qui elles n'ont jamais mangé. Celles-ci leur donneront un peu de farine avec laquelle on pétrira un pain, le vendredi. Pendant que le malade mangera ce pain, on l'enfumera avec le brûle-parfums dans lequel on aura mis de l'alun, du faux fenouil et sept éclats de bois pris aux portes de sept maisons.

REMÈDES CONTRE « LES EMPOISONNEMENTS LENTS ET LES SORTS QUI FONT DÉPÉRIR »

Faire cuire une dizaine d'écrevisses dans du beurre conservé *très rance*, jusqu'à ce qu'elles deviennent rouges. Les piler et les mélanger à de la farine. Dans le reste du beurre, faire cuire de l'anis, de la gomme sandaraque et du sésame.
Une cuillerée le matin et une, l'après-midi.

Faire macérer, pendant toute la nuit, des feuilles de thym, dans du leben (lait aigre). En prendre le matin durant trois jours.

❦

Cuire longuement du cumin, du vinaigre et de l'huile. En boire le matin et la nuit.

❦

Faire infuser de la sarghine dans de l'huile. En avaler une cuillerée, ce qui provoque des vomissements.

❦

Piler des fleurs de rue et les mêler à du miel. Chaque jour, on en prend une cuillerée et l'on boit ensuite une eau dans laquelle ont bouilli des carroubes pilées.

REMÈDES CONTRE LA JAUNISSE

Tous les matins, manger des radis avec du sucre.

❦

S'asseoir au milieu de l'herbe et la regarder longuement.

La toubiba pose, à la cheville du malade, un morceau de soufre sur lequel elle appuie un fer rouge, jusqu'à ce qu'il pénètre profondément dans la chair.

Laisser du levain jusqu'à ce qu'il devienne excessivement acide. Le cuire avec de l'huile, dans un plat à griller, puis le plonger dans du vinaigre. Le malade en mangera durant trois jours.

REMÈDES CONTRE LA ROUGEOLE

Faire prendre au malade, pendant sept jours, un mélange de miel et de cumin. L'enfumer avec la sciure du bois dont on fait les rouets, et des cornes de chèvre. Lui faire boire du marrube blanc et des raisins secs, cuits dans de l'eau.

Prendre des poils au pubis d'une négresse, les mêler à du beurre conservé et en enduire le malade. Puis l'emmener au hammam et le laver.

REMÈDES CONTRE LES BRÛLURES

Enduire la brûlure de savon noir, de cendre et de chaux préparés pour la lessive.

Laver la brûlure avec l'eau provenant des neiges que l'on trouve sur les montagnes. (Les voyageurs ne manquent jamais d'en recueillir et de la conserver pour ces occasions.)

❧

Mêler à de la graisse du pouliot pilé. En enduire la brûlure.

❧

Carboniser des os de poulets, les piler, les mélanger à de la graisse dont on enduit la brûlure.

❧

Enduire la brûlure de beurre conservé ; saupoudrer de minium.

❧

Enduire la brûlure de graisse dans laquelle on a fait cuire de la « ghiata »[1] *(verbéna nodiflora).*

REMÈDES CONTRE LES ÉCORCHURES, COUPURES, ETC....

Mettre des toiles d'araignée sur la plaie.

❧

---

1. Ghiata : fleur de Datura ou de Brugmansia.

De la chaux.

❧

Du tabac.

❧

Du cumin.

REMÈDES CONTRE LES PANARIS

Mastiquer du cresson ; le cracher dans de l'huile ; en faire un cataplasme que l'on posera sur le doigt.

❧

Piler des feuilles de guimauve et les cuire dans la graisse d'un ragoût. En faire un cataplasme.

❧

Plonger le doigt malade dans l'oreille d'un chat.

❧

Mélanger de la farine, de la cendre et de l'huile. En faire un cataplasme.

❧

Lorsque le panaris est mûr, l'ouvrir avec une aiguille. Mastiquer du thym et le poser sur le mal. Enduire le doigt avec du beurre rance dans lequel on a cuit des feuilles de capucines.

REMÈDE CONTRE L'INFLAMMATION DES GLANDES

Le premier jour, manger, alors qu'elle est brûlante, de la semoule de blé, cuite avec beaucoup de poivre ; le lendemain, du vermicelle au lait. Le surlendemain, la matrone apporte un brin de palmier et en frotte la langue du malade.

REMÈDE « POUR CELUI QUI NE PEUT FAIRE VOLER SON EAU SANS DOULEUR »

Prendre du papier bleu ; l'enduire de savon ; en faire un suppositoire.

REMÈDES CONTRE LA PARALYSIE DES BRAS OU DES JAMBES

Faire griller sur le feu une feuille de figuier de Barbarie. La couper en deux, dans son épaisseur, et l'appliquer par un bandage autour du membre paralysé.

⁂

Se procurer une marmite neuve et y faire cuire, avec de l'eau, de l'addad[1] *(Atractylis gummifera)*, qui est un poison. Étendre au-dessus de la vapeur le membre paralysé. Boire ensuite, matin et soir, durant sept jours, une décoction de clous de girofle.

---

1. Addad : c'est le chardon à glu, dont la racine, à l'état cru, est toxique ; la glu extraite des capitules est inoffensive.

Une parente ou une esclave du malade se rend chez une sorcière et lui donne trois réaux pour qu'elle achète un poulet au plumage d'une seule couleur. C'est le nègre de la sorcière qui tue le poulet ; puis la sorcière le fait cuire, avec du benjoin blanc et du benjoin noir, sans le saler, ni prononcer une seule parole.

Celle qui emporte la poule ne doit point parler durant le chemin, ni laisser le plat à découvert, car si le silence était rompu, ou si le poulet cuit apercevait le ciel, la paralysie augmenterait.

Le malade mange un peu de ce poulet ; puis, au moment de la nuit profonde, alors que plus un être ne bouge ni ne parle, quelqu'un de ses proches répand le jus du poulet dans toutes les pièces de la maison, dans le puits et dans « la chambre de l'eau ». Il doit avoir soin de couvrir la conduite des eaux sales avec le turban du malade, — ou son foulard de tête, si c'est une femme, — afin que les démons qui lient ses membres l'abandonnent.

Durant sept jours, le malade ne peut sortir de son lit, ni saler ses aliments, ni toucher à de l'eau, ni approcher son conjoint. Et, pendant ce temps, tous les êtres de sa maison doivent rester paisibles et chastes, parler bas et ne pas se quereller.

Au bout de la semaine, si le malade est guéri, il se lève. S'il ne l'est pas, il cherche un autre remède.

REMÈDE CONTRE LES DOULEURS DE JAMBES

Le taleb cautérise le malade à la hanche, au genou et à la cheville. Il prend la mesure de sa jambe, de la hanche aux orteils, avec une corde en filaments de palmier. Il roule cette corde et la remet au malade, en lui recommandant de l'enfoncer dans la fosse préparée pour un mort, afin que la maladie soit enterrée en même temps que le cadavre.

MÉDECINE GÉNÉRALE

REMÈDES CONTRE LES « MAUX DE POITRINE »

Faire bouillir du miel, en retirer l'écume. Ajouter une once de poivre et une once de gingembre pulvérisés. Former quatorze boulettes. Durant sept jours, le malade prendra une boulette le matin et une le soir.

※

La matrone mélange un œuf, de la farine de première qualité, de la résine de pistachier et de la gomme sandaraque. Elle étale ce mélange sur deux feuilles de papier. Chaque morceau est placé sur la poitrine du malade, l'un à droite, l'autre à gauche. Au bout de trois jours, la matrone les enlève et cautérise la poitrine avec un fer rouge.

REMÈDE CONTRE LES MALADIES DU CŒUR

Prendre le cœur d'un mouton noir, le passer dans du goudron, le faire rôtir, le saupoudrer de sandaraque pilée et le manger. Recommencer trois jours de suite.

REMÈDE « QUAND LE CŒUR FAIT MAL AU RÉVEIL »

Boire de l'eau chaude, où l'on a fait dissoudre du sel gemme.

REMÈDE CONTRE LES MALADIES DU FOIE

Le taleb prend une lame de couteau rougie au feu ; il pose son doigt dessus, et, avec ce doigt devenu brûlant, il réchauffe la chair à la place du foie. Puis il ordonne au malade d'aller au hammam, d'y faire un trou dans de la cendre et d'y laisser un oignon, jusqu'à ce qu'il soit cuit.

Le malade prend un peu de cet oignon, roulé dans de l'alun, chaque matin, durant trois jours, ainsi qu'une pincée de poivre et une de sel gemme. Il achète un foie et un rognon de mouton, se les pose à la ceinture et les transperce avec une brochette de fer rougie au feu. Il place son pied sur une feuille de figuier de Barbarie, la découpe à la grandeur de sa semelle, la lacère à coups de couteau, et la suspend au soleil, sur la terrasse, avec le foie et le rognon de mouton. Lorsque le tout est sec, les douleurs du foie sont guéries.

REMÈDES CONTRE LES ÉTOURDISSEMENTS

Celui dont le « Père du tournoiement » s'est emparé, doit écraser des punaises, en respirer longuement l'odeur ; mettre de l'eau sur son front ; faire brûler du sucre dans le brûle-parfums et s'en embaumer. Puis il ira se placer devant un âne et le saluera sept fois en disant :

> *O Allah, le plus grand !*
> *Est tombé Père du tournoiement !*
> *Il est parti dans l'âne.*

Dénuder la partie inférieure de son corps, s'accroupir au-dessus d'un miroir et y regarder en disant :

> *Vois, ô miroir !*
> *Vois cette chose !...*
> *C'est par là que va fuir.*
> *Père du tournoiement.*

REMÈDES CONTRE LES MAUX DE TÊTE

Se coller, avec du levain, des petits morceaux de papier sur les tempes.

⸻

Mettre des feuilles de thuya dans de l'eau de roses, puis les poser sur un linge dont on entoure la tête.

⸻

Enfermer du sel gemme et de la lavande dans un chiffon. Le plonger dans de l'huile bouillante et en oindre la tête.

Aller au hammam, et, après s'être lavé convenablement, se tracer une croix sur le crâne, avec de la poudre de clous de girofle. Envelopper la tête dans un mouchoir.

REMÈDES CONTRE LES MAUX D'OREILLE

Masser le derrière de l'oreille avec de la graisse de poule. Plier la dernière phalange du pouce, l'introduire ainsi entre les mâchoires, jusqu'à ce que l'effort fasse éclater quelque chose dans l'oreille.

Le patient souffre à en mourir, mais ensuite il guérit, — s'il plaît à Dieu !

⸻

La matrone place de la mie de pain rassis imprégnée d'huile, derrière les lobes des oreilles. Elle bande la tête du malade, qui doit rester ainsi durant trois jours. Au bout de ce temps, la matrone lui introduit un petit bout de bois crochu et secoue vigoureusement l'oreille.

REMÈDES CONTRE LA SURDITÉ

Recueillir les vers qui pullulent dans la vase des oueds. Les brûler et mélanger leurs cendres à du beurre conservé. Introduire ce remède dans les oreilles.

※

Piler des grains de sésame et les faire cuire dans de l'huile. La filtrer, la faire couler dans les oreilles et tamponner le crâne avec les résidus que l'on enferme dans un linge.

REMÈDES CONTRE LES MAUX DE DENTS

Faire macérer du thym et du sel gemme dans du vinaigre et s'en rincer la bouche.

※

Frotter les dents avec de l'ail.

※

Si la dent est creuse, l'emplir de poivre ou de camphre.

※

Quand la dent s'est effritée, laissant une racine douloureuse, y poser une pommade composée de beurre conservé, de chaux, de tabac et de goudron, « qui la mange jusqu'à ce qu'elle meure ».

MÉDECINE GÉNÉRALE

REMÈDES CONTRE LES MAUX D'YEUX

Lorsque l'œil devient rouge, il faut appeler une esclave noire — de préférence une hartania[1] — qui a une fille à la mamelle. Elle fera tomber quelques gouttes de son lait sur l'œil malade.

❦

Mélanger de l'alun, du henné, de l'eau de rose. Passer le liquide et le verser sur les yeux.

❦

Maintenir les paupières ouvertes et frotter l'œil avec une gousse d'ail piquée au bout d'une aiguille. Arroser l'œil de sulfate de cuivre, fermer les paupières et les luter avec du beurre conservé. Mettre un bandeau sur les yeux.

❦

Faire bouillir du miel et de l'oignon. Enlever l'écume blanche qui se forme et mettre le remède sur les yeux.

❦

La matrone pose du beurre rance sur la lame d'un couteau rougi au feu. Elle recueille, dans une cuillère, ce beurre qui tombe fondu, et le verse sur les yeux.

---

1. Hartania (hartaniya, h'artanî) : descendant d'esclaves, population noire des oasis.

Allumer une corde et en priser la cendre.

⊱⊰

Pour remédier aux maux d'yeux, on fait une cigarette avec du papier bleu et du thym. On l'enduit de goudron et on la fume, avec le nez.
Cela, si le malade a le sang chaud.
S'il a le sang froid, il doit remplacer le thym par du pouliot.

⊱⊰

En vidant la théière, il faut garder les résidus de thé et de menthe verte qui ont infusé dans l'eau et le sucre. Posés sur les yeux, ils sont un excellent remède.

⊱⊰

Faire tomber sur les yeux, trois fois par jour, quelques gouttes d'eau de rose en laquelle on a mis du henné et de l'alun.

Le basilic est plaisant à regarder, parce qu'il est vert. Aussi les femmes en cultivent-elles, en des pots, sur leurs terrasses ou dans leurs patios. Et ce feuillage ne sert pas seulement à l'agrément des yeux, mais aussi à leur guérison lorsqu'ils sont malades. Il faut alors le piler, et le garder, toute une nuit, appliqué sur les paupières par un bandage.

Lorsque les yeux sont rouges et douloureux, on les frotte avec des feuilles de figuier, puis on les lave avec de l'eau de rose dans laquelle on a fait macérer des amandes amères pilées.

REMÈDE POUR LES MEMBRES CASSÉS

Le barbier pose, sur du papier fort, une pâte faite de farine de première qualité et de blancs d'œufs. Il en entoure le membre cassé. Jusqu'à guérison, le malade ne doit pas manger de blé ; il se contentera de pain d'orge.

REMÈDE CONTRE LES COLIQUES

Dans le « canoun[1] » allumé, mettre une grosse pierre et une toute petite. Lorsqu'elles sont brûlantes, les passer dans de la menthe verte. S'introduire la petite pierre dans le rectum et se poser la grosse sur le ventre.

---

1. Canoun (kanoun) : réchaud de terre alimenté au charbon de bois.

REMÈDE CONTRE LES INDIGESTIONS

Une soupe faite avec de l'eau, du levain, du citron, du thym, de la gomme sandaraque et de la graine de carvi.

REMÈDES CONTRE LA CONSTIPATION

Prendre, pendant sept jours, des infusions de lavande.

❦

Faire des boulettes avec des raisins secs et du « tirirecht » (plante saponifère) pilé. En prendre durant sept jours.

❦

Pendant toute une nuit, faire bouillir, dans de l'eau, de la cannelle, de l'anis et des roses sèches du Tafilalelt.
Au matin, absorber le remède et boire ensuite une théière de thé au basilic.

REMÈDE CONTRE LA DIARRHÉE

Piler du tan et l'avaler avec de l'eau, pendant trois jours, le matin.

REMÈDE CONTRE LES VOMISSEMENTS

Le malade emplit sa bouche d'eau et se suspend, par les mains, à une sorte de trapèze, que la matrone fait osciller trois fois. Puis elle lui masse l'estomac et alors seulement il peut rejeter l'eau.

MÉDECINE GÉNÉRALE

REMÈDES CONTRE LES HÉMORROÏDES

Faire macérer des feuilles de tabac dans de l'eau-de-vie de figues. En imprégner une mèche de laine que l'on introduit dans l'anus.

☙❧

Carboniser un scorpion qui a *été tué le jeudi*. Le piler et saupoudrer les hémorroïdes avec ses cendres.

☙❧

Faire cuire de la lavande dans du beurre conservé. En enduire les hémorroïdes.

☙❧

Cuire de l'oignon dans de la graisse. En enduire les hémorroïdes.

☙❧

La matrone gratte les hémorroïdes, jusqu'au sang, avec un couteau. Puis elle les recouvre de camphre.

REMÈDE CONTRE LES BRÛLURES D'ESTOMAC

Manger sept fèves et boire le jus d'un citron, auquel on a ajouté un peu de sucre et de cendre.

REMÈDES CONTRE LES VERS INTESTINAUX

Acheter de l'armoise blanche. Lorsqu'on l'apportera dans la maison, le malade se bouchera le nez, car celui qui en mange ne doit pas la sentir.
La lui faire avaler, une fois pilée, en lui pinçant les narines. Quand le malade ira « à la chambre de l'eau », les vers tomberont.

※

Faire bouillir des violettes, du persil et du céleri dans de l'eau. En prendre le matin.

※

Faire bouillir, dans de l'eau, sept feuilles de sept plantes différentes. En boire le matin.

MALADIES VÉNÉRIENNES

MOYEN DE RECONNAÎTRE SI L'ÉRUPTION EST OU NON SYPHILITIQUE

Mastiquer de l'écorce de noyer ; la cracher dans du henné et en passer sur les boutons.

S'ils dessèchent, ce n'est pas la syphilis.

S'ils suppurent, c'est la syphilis.

…Et il faut se hâter de prendre les remèdes appropriés.

REMÈDES POUR LA SYPHILIS

Lorsque les boutons apparaissent, il faut aller au hammam et les montrer aux gens qui s'y trouvent en disant :

— Regarde ce qui me sort !

Au retour, tâcher de rencontrer dans la rue un Juif et lui montrer les boutons en disant :

— Regarde ! J'ai le Sultan ! (euphémisme employé pour désigner la syphilis).

Puis aller se placer devant la montagne d'ordures de Bab Siba et proclamer :

— O Chrétiens ! ô Juifs ! ô Musulmans ! chez moi, un tel, fils d'une telle, il y a le Sultan ! Allah le protège !

Enfin, se rendre au marabout de Sidi Ali Mansour et se laver à la source en disant :

— Froide et chaude ! ô Sidi Ali Mansour !

Prendre des pierres, les nouer dans un linge, les charger sur son dos et se rendre dans un endroit éloigné, afin de transpirer abondamment.

Chercher dans la rue une poule morte, que les gens ont jetée ; la cuire avec du couscous et de la salsepareille ; la manger.

❦

Aller au hammam.
Après s'être lavé, enduire les boutons avec de la graisse dans laquelle on a mêlé de la poudre de cuivre.

❦

Chercher une tortue, l'égorger, la cuire dans le couscous et la manger. Le lendemain matin, se noircir les yeux au kohol et la bouche, à l'écorce de noyer. Faire cela sur la terrasse, si l'on est femme, et hors la ville si l'on est homme.

❦

Tuer une cigogne, la couper en deux. On en fera cuire une moitié dans la marmite avec du miel, de l'oignon, des raisins secs, de l'huile et les sept épices appelées « têtes de la boutique[1] ».

Le malade en mangera chaque matin durant sept jours.

L'autre moitié de la cigogne sera cuite avec de l'ail et de la salsepareille.

Le malade en consommera après avoir été au hammam ; puis il se couchera pour transpirer.

❦

---

1. Râs el-hanût, en arabe.

Faire macérer des clous de girofle dans de l'huile et s'en enduire la tête, chaque matin, jusqu'à guérison.

❧

Nouer, dans un chiffon, du sel gemme et de l' « addad » *(atractylis gummifera)*.
Frotter les boutons avec ce tampon.

❧

Aller au hammam.
Au retour, cuire du sel gemme, du natron et du soufre dans de l'huile.
S'en enduire.

REMÈDE « LORSQUE LES REMÈDES PRÉCÉDENTS N'ONT PAS RÉUSSI »

Il faut aller à Moulay Yacoub, (source sulfureuse près de Fès), et se baigner en disant :
— Froide et chaude ! ô Moulay Yacoub !
Puis, boire trois gorgées de l'eau, pleine de saletés, où se sont lavés tous les gens.
Prendre de l'eau pure à la source, l'emporter chez soi.
En boire et s'en laver jusqu'à guérison.

REMÈDES POUR COMPLÉTER LA GUÉRISON ET RENDRE DES FORCES

Une once de gingembre et une once de clous de girofle sont incorporées à du miel et à de l'huile.
Prendre une cuillerée du remède chaque matin, jusqu'à guérison.

Piler une demi-livre de cumin.
En prendre, chaque matin, durant quatorze jours, la mesure d'une demi-coquille d'œuf.

❧

Faire cuire du cresson dans du lait ; en boire, chaque matin et chaque nuit, une demi-coquille de noix.

REMÈDE POUR QU'UNE FEMME SYPHILITIQUE, SI ELLE EST ENCEINTE, NE PASSE PAS LA MALADIE À SON ENFANT

Mâcher de l'écorce de noyer et la cracher dans du mercure.
Y faire tremper des fils de laine.
La femme les nouera autour de ses chevilles et de ses poignets.
Elle ne doit pas mettre de henné, durant sept mois, ni en approcher ni en sentir.
Car, autrement, l'enfant hériterait de la maladie.

REMÈDE LORSQUE LES POIGNETS ET LES JAMBES « DEVIENNENT DOULOUREUX PAR LA SYPHILIS »

Acheter un corbeau mort chez un apothicaire du Souq el Ghezel.
Le cuire sans eau, jusqu'à ce qu'il se carbonise ; le piler.
Tamiser la poudre et en prendre un peu chaque matin.

REMÈDE CONTRE LES BOUTONS

Couper une feuille de papier bleu en morceaux, les imbiber de salive et les coller sur chaque bouton.

⊱❦⊰

Cuire de la guimauve dans de l'huile jusqu'à ce qu'elle devienne savonneuse. En enduire les boutons.

⊱❦⊰

Piler des oignons, les mélanger à du beurre conservé. En enduire les boutons.

⊱❦⊰

Tuer un milan, le faire cuire dans une marmite qui n'a jamais servi. En manger durant trois jours.

REMÈDE POUR QUE LES BOUTONS NE REVIENNENT PLUS

Porter, suspendues à son caftan, des noix de galle et des cauris[1].

REMÈDE « CONTRE LES BOUTONS QUI RESSEMBLENT À CEUX DE LA SYPHILIS, SANS EN ÊTRE »

Couper les poils d'un âne mort. Les brûler, mettre les cendres dans du beurre.
Enduire les boutons de cette pommade.

---
1. Cauris : coquillage du groupe des porcelaines.

MALADIES INFANTILES

REMÈDE CONTRE LA TOUX

Faire bouillir, dans une petite marmite neuve, de l'eau, de l'huile, du pouliot, de la graine de carotte, de la lavande, du cumin, du pavot de Marrakech, et un morceau de caméléon.

Filtrer le mélange à travers un chiffon de laine.

On en fait avaler à l'enfant, qui vomit, et on lui tamponne le corps avec les résidus enfermés dans un lainage que l'on a fait chauffer.

La matrone le cautérise au bras, au poignet et à la tête avec un petit bois de rue, et on le couvre beaucoup, afin qu'il transpire.

Le lendemain matin, la mère doit uriner dans sa main, et répandre le liquide en disant :

— J'ai rejeté la maladie !

Elle urine également dans un verre en disant :

— J'ai trouvé le remède !

Elle y ajoute du cumin, et le laisse passer toute la nuit dehors.

Durant les trois jours suivants, elle en fera boire à l'enfant.

REMÈDES CONTRE LES MAUX DE VENTRE

La matrone fait un cataplasme d'argile, le met sur une serviette et en ceint l'enfant.

Puis elle prend l'enfant malade par les pieds et l'agite ainsi, la tête en bas.

Après quoi, elle lui fait avaler une mixture de pouliot, pilé avec de la gomme sandaraque.

Cuire, dans la marmite à couscous, les feuilles d'un chou monté en graines.

En faire un cataplasme et le mettre sur le ventre de l'enfant malade.

Piler au mortier de l'anis, de la cannelle, de la racine de réglisse ; passer la poudre dans un tamis et l'incorporer à du beurre frais.

Faire absorber ce remède à l'enfant.

REMÈDE CONTRE LA TEIGNE

Badigeonner la tête de l'enfant avec de l'huile dans laquelle on a fait infuser des graines de harmel[1] (paganum harmola).

REMÈDE « CONTRE LA MALADIE QUI VIENT AUX ENFANTS À L'ÉPOQUE DES FLEURS »

Au printemps, lorsque les enfants ont respiré l'odeur des fleurs, il leur vient une maladie de fièvre, d'abattement et de sommeil.

Une matrone emmène le petit malade au hammam. Là, elle lui incise le corps du haut en bas, avec un couteau, et l'enduit d'ail et de verveine pilés et mêlés à de l'huile.

Elle verse de l'eau bouillante sur de la rue, trempe une chemise neuve dans cette eau et en revêt l'enfant qu'elle attache sur son dos avec une serviette.

Elle se place ainsi dans l'endroit le plus chaud du hammam et elle y reste plusieurs heures.

De retour à la maison, elle égoutte, dans la bouche de l'enfant, l'eau d'une « tebiha » enfermée dans un chiffon.

La « tebiha » est un composé de : pavot, cumin, clous de girofle, armoise blanche, pouliot, ail, caméléon et intestins de

---

1. Harmel : plante de la flore saharienne dont la graine est d'un emploi courant pour composer des lotions ou des fumigations.

porc-épic, cuits avec de l'huile et de l'eau.

Les résidus sont posés sur la tête de l'enfant et maintenus par un bandage jusqu'au lendemain.

❧

La matrone fait deux incisions derrière l'oreille droite de l'enfant et les frotte avec du goudron. Elle enduit également de goudron l'intérieur de la bouche et du nez. Puis elle tue un serpent, lui coupe la tête, enferme celle-ci dans un petit roseau creux, dont elle bouche les extrémités à la résine, et qu'elle suspend au caftan du petit malade.

REMÈDES CONTRE L'INFLAMMATION DES AMYGDALES

La matrone mouille son doigt, le passe sur du sel et en touche les amygdales.

Elle délaye, avec un peu d'eau, le sang d'un mouton tué à l'Aïd el Kebir (on a soin de conserver ce sang en le faisant dessécher avec du sel), et elle y ajoute du bois de Comari[1].

La mère enduit ses seins avec cette mixture, pour que l'enfant en avale lorsqu'il tète. La matrone mastique des fèves et pose la pâte sur la fontanelle de l'enfant.

❧

Si, malgré le traitement de la matrone, l'enfant ne guérit pas, on le porte chez le barbier qui lui coupe les amygdales avec une espèce de rasoir.

Afin de cicatriser la plaie, on met dans la bouche de l'enfant une pâte de sucre et d'écorce de noyer.

---

1. Comari : une des îles Comores actuelles.

REMÈDE « CONTRE UN OS QUI FAIT MAL DANS LA POITRINE D'UN ENFANT »

La matrone enduit la poitrine du bébé avec de l'huile, la couvre de cheveux tombés, place un peigne par-dessus, croise les bras de l'enfant sur ce cataplasme et maintient le tout par un bandage.

Le lendemain, elle imprègne d'huile un peu de laine cardée, met du benjoin sur le feu et en recueille la fumée sur cette laine.

Ce nouveau cataplasme remplace le précédent. Il faut le renouveler trois jours de suite.

REMÈDE « POUR EXPULSER LES MAUVAIS ESPRITS QU'UN ENFANT A DANS LE VENTRE AU MOMENT DE SA NAISSANCE »

Il faut, à l'avance, mettre un vieux sou dans de l'huile.

Quand il s'est couvert de vert de gris, on le frotte avec une datte et l'on fait tomber dans l'huile cette pâte verte.

Après la naissance de l'enfant, on lui met un peu de cette huile dans la bouche.

Aussitôt il vomit, expulsant ainsi les mauvais esprits qu'il a dans le ventre.

Ce remède est également excellent pour la mère, si elle souffre après ses couches.

REMÈDE « LORSQU'UN ENFANT A ÉTÉ FRAPPÉ PAR UN MAUVAIS AIR QUI LUI FAIT ENFLER LE CRÂNE ET LE FAIT TOUSSER »

Envoyer un sou, ou un peu de laine, à quelqu'un possédant un jardin.

Il donnera en échange des feuilles de giroflées violettes.

Les mâcher et en faire prendre le jus à l'enfant.

REMÈDE POUR LES ENFANTS RACHITIQUES QUI NE PEUVENT SE TENIR DEBOUT

Il faut aller demander un peu d'argent dans sept maisons où le mari et la femme n'ont jamais été mariés qu'ensemble.

Avec cet argent on achète une couffe neuve dans laquelle on pose l'enfant. Puis on va chercher sept petites filles qui portent la couffe jusqu'à la mosquée Ez Zitouna. Elles remettent au gardien de la mosquée un balai neuf, acheté par la mère de l'enfant. Alors le gardien sort le petit de sa couffe, le prend sous les bras et le balance trois fois, en disant :

— *Les gens sont partis au souk,*
Et toi tu restes !

Il remet l'enfant dans la couffe que les fillettes emportent en chantant :

— *Qu'Allah libère ce prisonnier !*

A la maison, elles trouvent la mère qui les attend et a ouvert son caftan. Elle fait passer son enfant par l'ouverture du haut et le fait sortir sous ses jupes. La même cérémonie est répétée trois vendredis de suite. Chaque fois les petites filles donnent un balai au gardien de la mosquée. La troisième fois, elles y ajoutent un cierge et du benjoin.

REMÈDE CONTRE LES OREILLONS

Faire cuire, dans de l'huile, du sel, du benjoin blanc, du tabac, un piment rouge et du crottin de cheval. Passer au tamis et verser tiède dans les oreilles.

REMÈDES CONTRE LA PETITE VÉROLE

Dès qu'apparaît la petite vérole, il faut nouer un linge à l'anneau du heurtoir et supprimer de la maison tout ce qui est aigre ou acide, ou qui exhale une odeur quelconque.

Frotter les boutons avec des feuilles de jujubier. Faire prendre à l'enfant, durant sept jours, du cumin pilé que l'on a mélangé avec du miel. Tenir le malade au-dessus d'un couscous brûlant, afin qu'il soit enveloppé par la vapeur, puis le porter au-dessus du brûle-parfums dans lequel on a mis de l'addad (atractylis gummifera), du thym et de la sciure du bois dont on fait les rouets. Ensuite, l'emmener au hammam et l'enduire d'argile que l'on a pétrie avec une infusion de fèves grillées et de thym. Au bout d'une demi-heure, le laver et le revêtir de vêtements neufs. Le coucher au retour, en le couvrant beaucoup, pour qu'il transpire.

Quand la petite vérole attaque les yeux, les frotter de kohol et de coriandre.

REMÈDE CONTRE LA CALVITIE DES ENFANTS

Appliquer des limaces vivantes sur le crâne et les y maintenir par un bandage.

FÉCONDITÉ – STÉRILITÉ
IMPUISSANCE

REMÈDE POUR RECONNAÎTRE SI LA STÉRILITÉ EST DUE AU MARI OU À LA FEMME

Faire deux petits tas de son. Verser, sur un des tas, un peu de l'urine de la femme, et, sur l'autre, de celle du mari. Au bout de sept jours, le tas dans lequel se sont mis les vers indique celui des époux qui peut enfanter. Si les deux tas en ont pareillement, c'est que l'un comme l'autre sont capables d'avoir des enfants, mais que leurs entrailles sont froides. Il s'agit alors de les leur réchauffer par les remèdes appropriés.

REMÈDES CONTRE L'IMPUISSANCE VIRILE

L'homme ira au hammam se purifier. A son retour, il absorbera un mélange de gingembre, clous de girofle, noix de muscade, noix du Sahara, aristoloche et lavande sauvage, cuits ensemble.

Le lendemain matin, la matrone lui tailladera le bas des reins, et appliquera, sur cet endroit, une ventouse faite avec une petite marmite, afin de soutirer le mauvais sang.

Puis elle donnera au malade du persil bouilli dans de l'eau, et il en entourera soigneusement ce qui doit être entouré, en l'appliquant bien par un bandage. Il renouvellera ce cataplasme pendant trois jours, et il boira le remède.

❧

L'homme devra prendre un mélange d'eau de rose, de sucre et d'amandes pilées, et, aussitôt après « agir avec une ânesse comme avec une femme ». Il ira se purifier au hammam et en sortira bien portant.

REMÈDES POUR AVOIR DES ENFANTS

La femme cherchera une souris qui vient de mettre bas et lui prendra sept petits. Elle les roulera dans de la farine et les avalera, tout vivants, avec de l'eau.

Les gens disent qu'ensuite elle enfantera sept mâles.

La femme doit s'introduire une mèche de laine non soufrée, trempée dans le jus d'écorce de noyer qu'elle a mâchée.

Elle moud, à la meule, de la racine de guimauve et l'ajoute au couscous, ainsi qu'une demi-livre de poivre, de l'ail, de la salsepareille. La viande de ce couscous est remplacée par des morceaux de « schkoua » (outre en peau de bouc, dans laquelle les Berbères font aigrir le lait), qui a un goût très fort.

Ce couscous procure une sorte d'ivresse. « Après en avoir mangé, la femme devient jaune, jaune ! Elle tombe, elle ne dit plus une parole et ne reconnaît personne. »

Il lui en faut prendre durant sept jours. Après quoi, elle va au hammam.

En rentrant, elle mâche de la menthe, imbibe de la laine avec le jus qui en sort, et se l'introduit dans l'anus.

Elle doit alors s'asseoir dans un « mkeb » (couvercle conique dont on couvre les plats), et quelqu'un appuie sur ses épaules « afin que son fond entre le plus avant possible dans le mkeb ». Ensuite elle va se coucher.

Le lendemain, la matrone vient lui masser le ventre. Pour ce massage, la femme doit lui être présentée la tête en bas et les jambes tenues en l'air par des parentes ou des esclaves. Puis on la couvre beaucoup afin qu'elle transpire.

Mettre dans de l'eau d'*oued* un petit bois de sarghine et l'y faire tremper. Puis, la femme, qui désire enfanter, l'attache au bout d'un long fil et se l'introduit le plus loin possible. Elle le garde ainsi trois jours et l'enlève ensuite en tirant le fil.

Rouler une mèche de laine dans de la poudre de cuivre et se l'introduire. « Une femme, ayant essayé ce remède, toute sa chair fut rongée et elle devint très vaste, mais n'enfanta point. »

La femme qui désire enfanter doit prendre, durant sept jours, un remède composé de miel et d'huile, auxquels sont incorporées : de la racine de jujubier et de la rue, qu'elle a pilées.

Elle s'introduit une mèche de laine imprégnée de tirirecht (plante saponifère), « cela provoque des douleurs épouvantables, le ventre gonfle et il semble que la mort va venir. » Il faut garder cette mèche durant trois jours. Puis la matrone vient elle-même soigner la patiente. Elle lui introduit un roseau creux, long d'une douzaine de centimètres et la cautérise intérieurement au moyen d'une brochette de fer rougie au feu, qu'elle passe à travers le roseau, de manière que l'extrémité seule de l'instrument touche ce qu'elle doit toucher.

La femme stérile qui veut enfanter se couche, et la matrone lui introduit un petit roseau creux, à l'extrémité duquel, de toute sa force, elle souffle, afin de dilater le ventre de la patiente.

Puis elle la fait étendre à plat ventre, et lui enfonce, dans l'anus, de la menthe enveloppée d'un linge. Enfin, saisissant dans ses mains les jambes de la patiente, elle lui meurtrit les fesses à coups de pieds.

« Une femme ayant subi ce traitement en est restée malade pendant fort longtemps, mais n'a pas enfanté. »

※

Prendre sept gousses d'ail, les faire cuire, les tremper dans de l'huile.

Chaque jour s'en introduire une. Aussitôt après, la matrone réchauffe le ventre de la femme, avec une poêle à frire qu'elle a fait rougir sur le feu et qu'elle approche à petite distance de la peau, sans la toucher. Puis elle la frictionne avec de l'huile, lui recouvre le ventre de menthe verte et la ceint d'une étoffe de laine.

※

Mettre du safran pilé dans de l'huile, y plonger des morceaux de sel gemme que l'on a fait chauffer sur des braises. Enfermer ce sel dans un chiffon et se l'introduire. Le garder trois jours et aller au hammam. En revenant, piler du sel gemme, du benjoin blanc et du benjoin noir et les mettre dans de l'huile, ainsi que du goudron. Enfermer le tout dans un chiffon, se l'introduire et le garder trois jours encore.

※

Mettre un porc-épic vivant dans le feu et l'y laisser jusqu'à ce qu'il se carbonise. Mélanger la plus grande partie de ses cendres avec du miel dont on mangera durant sept jours. Ajouter, au reste des cendres, de la muscade du Sahara et de l'huile ; les enfermer dans un chiffon qu'on s'introduit et garde pendant sept jours.

Prendre des tripes de bœuf, — ne pas les laver, — les remplir de faux-fenouil, les coudre et les faire cuire à la vapeur, au-dessus d'un couscous dans lequel on a mis d'autres tripes, emplies d'ambre. Manger le tout. Après trois jours, aller au hammam.

Faire tremper de l'orge et de la racine de jujubier pendant sept jours. Mettre l'orge à sécher au soleil, la moudre ainsi que du benjoin blanc. Avaler, de cette poudre, la mesure d'une coquille d'œuf durant sept jours.

REMÈDES POUR NE PLUS AVOIR D'ENFANT

Si la femme ne veut plus enfanter à nouveau, ses parentes la font asseoir, tout de suite après son accouchement, sur un ballot de petits charbons encore chauds, qui viennent de tomber du feu.

Lorsque la femme vient d'accoucher, elle laisse tomber, dans le placenta, autant de grains d'orge qu'elle veut rester d'années sans enfanter, afin que ces grains soient enterrés en même temps que le placenta.

Emplir, du sang de l'accouchement, sept cauris et les serrer dans un coffre où personne ne peut les voir.

Quand la femme désire enfanter à nouveau, elle ouvre le coffre et regarde ces coquillages.

Ouvrir des figues sèches et les emplir du sang de l'accouchement. Les enterrer dans un endroit où la femme ne passe jamais. Elle n'enfantera plus désormais.

REMÈDE POUR NE PAS AVOIR D'ENFANT

La femme qui ne veut pas avoir d'enfant devra piler du camphre et de l'alun. Elle les enveloppera d'un chiffon de laine et se les introduira. Il faut qu'elle les garde trois jours, durant lesquels elle avalera du camphre dans de l'eau.

REMÈDES POUR « FAIRE TOMBER LE FILS D'ADAM » (*avortement*)

Faire macérer des feuilles de palmier nain dans de l'huile avec du tabac à priser. La femme se les introduira. « Il y a peu de temps, une femme ayant employé ce remède, son sang se mit à couler jusqu'à ce qu'elle fût morte. »

Faire macérer des piments rouges dans du vinaigre. La femme en prend chaque matin. Si « le fils d'Adam » est encore petit, il ne peut supporter ce remède violent et il tombe.

※

Faire griller du faux-fenouil comme du café. Le piler, le mélanger à du vinaigre. Tout de suite après avoir bu ce remède, la femme devra faire trois culbutes.

REMÈDE « POUR QUE LE FILS D'ADAM NE TOMBE PAS »

Si la femme enceinte sent des douleurs prématurées, elle prendra du charbon pilé, incorporé à du miel. Puis de l'écorce d'orange amère cuite dans du jus de viande. Après ce remède, elle avalera de la poudre de cuivre amalgamée à un jaune d'œuf. L'effet en est purgatif. Enfin, elle boira de l'eau dans laquelle est délayée un peu d'argile.

REMÈDE « LORSQUE LE FILS D'ADAM S'EST ENDORMI DANS LE SEIN DE SA MÈRE »

La matrone prend un morceau de glaise « à une jarre non cuite », et elle en pétrit un petit « canoun ». Elle y met des charbons allumés et de la lavande, et dispose, au-dessus, un pot à couscous renversé, dont elle a bouché tous les trous avec de la pâte à pain, à l'exception de celui du milieu. La femme s'accroupit sur ce pot, de façon à ce que la fumée la pénètre ; ensuite, elle va se coucher et on la couvre beaucoup pour qu'elle transpire. Le lendemain matin, on lui apporte de l'eau de puits très froide, dans un bol qu'elle place sur son ventre. Au bout de trois jours de ce traitement, le « fils d'Adam » se réveille et se retourne.

MALADIES DES FEMMES

REMÈDES CONTRE LES RÈGLES HÉMORRAGIQUES

La matrone pile des œillets secs et les pétrit en y ajoutant de la pisse d'une chienne qui vient de mettre bas. Elle enferme le tout en deux linges, que la malade s'introduit dans « les deux endroits ».

Mettre de la graine de lin, de la cannelle douce, du cèleri et du minium à infuser dans de l'eau-de-vie de figues ; y faire tremper deux mèches tressées avec des poils de chèvre noire, ou, — ce qui est préférable, — avec des cheveux d'esclave. La malade « s'en introduit une dans chaque endroit. »

Emplir de pouliot la poche à fiel d'un mouton tué à l'Aïd el Kebir. La faire sécher au soleil, puis la piler avec de l'œillet, de la cannelle et de la salsepareille. Ajouter de l'huile et faire cuire le mélange ; le filtrer à travers un linge, dans un récipient que l'on dépose, un soir, au pied d'un minaret.

Au matin, des parentes ou des esclaves, devant lesquelles la malade « n'a point honte », placent celle-ci contre une muraille, tête en bas, jambes en l'air, et lui introduisent un roseau creux dans lequel elles versent une partie du remède. La malade en boit le reste. Ce traitement doit être répété trois jours de suite.

Faire cuire, dans de l'eau, un vieux sou et sept morceaux du vêtement d'un homme chaste. Placer cette eau, toute une nuit, au bas d'un minaret. En boire durant sept jours, le matin.

❦

Faire cuire, dans de l'eau, une plante de cimetière et un mitqal (monnaie de cuivre), le temps qu'il faut pour de la viande de bœuf ou de chameau. Boire de cette eau durant quarante jours, le matin.

Ce remède est très dur et peut empoisonner.

❦

Hacher de l'ail, des violettes et des orties. Les faire cuire dans une marmite à couscous, que la femme introduit, brûlante, sous ses caftans. Elle reste accroupie au-dessus, de manière à ce que la vapeur monte et la pénètre, jusqu'à ce que ce soit refroidi.

Pendant ce temps, une parente ou une esclave lui fait avaler des boulettes de harmel (paganum harmola) et d'orties. Puis on la couche et on la couvre beaucoup pour qu'elle transpire.

Ajouter à l'ail et aux violettes, qui ont cuit, des clous de girofle, du fenugrec, du gingembre, du miel et remettre sur le feu jusqu'à ébullition. La malade en prend une cuillerée le matin et une le soir.

❦

La femme enferme de la résine dans un chiffon de laine, et elle monte sur sa terrasse, un vendredi, au moment de la prière. Elle se déshabille entièrement et s'accroupit sous la kebrata (sorte de dôme en osier sur lequel on fait soufrer les caftans). Elle y fait brûler du benjoin blanc et du benjoin noir en disant :

> *Les gens t'appellent Kebrata.*
> *Moi, je te nomme Lella Rnata.*
> *Partage le sang qui me vient entre trois.*

Puis elle s'introduit le lainage enfermant la résine et elle reste sous la kebrata jusqu'à ce que toutes les prières soient finies dans la ville.

REMÈDES POUR SUPPRIMER LES RÈGLES

La femme devra monter sur sa terrasse le premier jour du mois, et, tout en regardant le premier croissant de lune, elle avalera, un par un, trente grains de poivre.

La femme fera acheter une toison. Elle en coupera quelques brins et les trempera dans le sang menstruel. Puis elle les dissimulera dans la toison qu'elle fera revendre au souk.

Il faut envoyer la matrone, ou une esclave, boucher, avec de la pâte à pain, les yeux, les narines, les oreilles et la bouche d'un mort très misérable, — d'un mort à qui personne ne tient. — Le lendemain on reprendra cette pâte, avant que soit lavé le cadavre. La femme, qui veut supprimer ses règles, la fera sécher sur sa terrasse, la pilera et en prendra chaque matin durant sept jours.

Prendre des tripes de vache ou de mouton. Les vider, mais ne pas les laver. Y introduire du faux-fenouil cueilli dans un cimetière et les faire cuire dans la marmite à couscous. La femme devra les manger.

◈

Passer dans du miel un oignon coupé finement et le faire griller. La femme en prendra un peu, chaque matin, durant sept jours.

REMÈDES POUR LA FEMME QUI SOUFFRE AU MOMENT DE SES RÈGLES

Lorsqu'une femme a des règles douloureuses, la raison en est généralement qu'une souris a mangé le premier linge dont elle s'était servie en devenant nubile. Les douleurs cesseront lorsqu'elle aura écrasé la tête d'une souris avec son talon droit.

◈

Piler du charbon, le passer, le mélanger à du miel. En prendre chaque matin durant sept jours.

◈

Mettre au soleil une livre de lavande. Lorsqu'elle est bien sèche, la piler, la passer au tamis et, l'humectant d'huile, en former des boulettes. Le résidu laissé sur le tamis sera cuit dans de l'eau, et, avec cette eau clarifiée, la femme avalera une boulette le matin et une le soir.

◈

Faire bouillir dans de l'eau, de la « gortoufa[1] blanche ». Puis la femme se couchera et introduira sous elle une tasse pleine de cette infusion qui doit la réchauffer extrêmement. Au matin, elle boira de l'eau dans laquelle aura macéré du henné. Répéter le traitement durant trois jours.

※

La femme mâchera du thym, l'enveloppera d'un chiffon de laine et se l'introduira. Elle devra le garder trois jours.

※

Lorsqu'une femme est affligée de douleurs très violentes il lui est recommandé de faire le remède suivant, après lequel, si Allah a écrit la guérison, elle sera délivrée de ses souffrances.

Elle se procure une vieille outre en peau de bouc, dans laquelle les Berbères conservent le lait aigre. Elle la fait tremper durant huit jours, la coupe en lanières, et les met à macérer dans de l'huile avec du pouliot, de la thapsia, de la salsepareille, de la lavande, de l'ambre, de la cannelle, et une grosse botte d'ail.

Au bout de quatre jours, elle y ajoute de la semoule et fait cuire le tout, comme un couscous.

Avant de manger ce couscous, la femme reste à jeun, afin que l'appétit lui permette d'en absorber une quantité considérable. Ce qui reste du couscous, elle l'enterre de façon à ce que ni bêtes, ni gens, n'en puissent manger. Elle ne doit rien boire, de tout le jour.

« Après avoir pris de ce remède, mon ventre a enflé considérablement, et j'ai eu peur, mais au matin, je me suis réveillée avec le bien. »

---

1. Gortoufa (guertoufa) : camomille du désert.

REMÈDES « POUR LA FEMME QUI SOUFFRE D'UN FROID DANS LE VENTRE »

Cette femme prend un remède composé de clous de girofle, de gingembre et de racine de galanga cuits ensemble. Puis elle s'introduit une mèche de laine trempée dans du jus de lavande.

Au bout de deux jours, elle change cette mèche, se masse le ventre avec de l'huile et se pose sur le ventre des ventouses faites avec de petites marmites.

Le troisième jour, elle fait cuire un pigeonneau farci des sept épices que l'on nomme « têtes de la boutique ». Elle suspend ce pigeonneau par un fil, au-dessus d'un couscous, de façon qu'il ne touche pas à la sauce.

La femme se rend au hammam, étend sur les dalles, dans un endroit très chaud, une mixture de menthe verte et de lavande, et elle s'accroupit au-dessus. Ensuite elle se lave et va s'asseoir sur un seau plein d'eau bouillante. Elle y doit rester « jusqu'à ce qu'elle soit très réchauffée du fond. » Alors il lui faut uriner dans le seau et s'introduire de la pommade de « ghalia »[1].

Rentrée chez elle, la femme mange, *toute seule*, le couscous et le pigeonneau, et elle va se coucher.

Le lendemain, elle fait cuire de la farine, de l'huile, de l'ail et de la salsepareille, dont elle mange. Elle délaye de l'ambre et un peu d'argile dans du lait qu'il lui faut avaler en trois fois, la tête basse prise entre ses jambes. Enfin, durant trois jours, elle prendra un mélange de miel et de sarghine cuit dans la marmite.

---

1. Ghalia : musc de civette.

Cuire de l'huile et des dattes. En mélanger le jus avec du gros couscous dont la femme mangera durant trois jours. Pendant ce temps, elle ne doit rien prendre d'acide, ni d'amer, ni manger de viande de chamelle, ni se quereller.

※

Mélanger de l'eau, de la farine et de la thapsia. Ne pas mettre de sel. Avaler le remède en trois fois, la tête basse et prise entre les jambes.

※

Faire cuire, à grand feu, des épluchures d'ail. Les verser bouillantes dans un pot sur lequel la femme restera accroupie, jusqu'à ce que le tout soit refroidi.

※

Il faut creuser dans le sol un trou et y allumer du charbon. La femme doit s'asseoir sur le trou brûlant et y rester 24 heures. Pendant ce temps elle se nourrit avec du couscous et une poulette encore vierge, farcie d'ail et de muscade.

REMÈDES POUR LES ACCOUCHEMENTS DIFFICILES

On pose, au côté droit de la patiente, une page du Coran écrite par un lettré, et on l'enfume avec de la gomme sandaraque, du faux fenouil, un œillet, que le lettré a remis en même temps que la feuille bénie.

Faire boire à la patiente l'eau dans laquelle on lui a lavé le gros orteil droit.

༺

Écraser, dans de l'eau, sept « ânes de ma grand'mère » (cloportes) et les faire avaler à la patiente, afin que le « fils d'Adam » agisse comme les cloportes qui sortent rapidement de leur trou.

༺

Une vierge, première née de sa mère, ouvre sa ceinture et en frappe la patiente en disant :
— Enfante ! ou bien c'est moi qui enfanterai !
Puis elle se sauve et rentre en courant jusqu'à sa maison.

༺

Le mari entre, avec un fusil, dans la chambre de sa femme, couche le fusil sur la patiente et le démonte entièrement.

༺

Cuire de la salsepareille avec de la farine, du fenugrec et de l'huile. En faire prendre à la patiente.

Quelqu'un de la maison se rend au cimetière et ramasse une couffe dont s'est servi le fossoyeur en creusant une tombe. Si la couffe est très grande, on y fait entrer la patiente. Si elle est petite, on en coiffe sa tête.

On prend de l'eau à sept puits creusés au bas d'un minaret, et on fait chauffer cette eau sur un feu, dans lequel on brûle la couffe. On déshabille la patiente et on la lave avec cette eau, dans une cuve, au fond de laquelle on a pris soin d'immerger sept clés de sept portes différentes. Ensuite on va vider l'eau à la porte de la grande mosquée et l'on enfume la patiente avec « l'encens puant » qui se compose de : écaille de tortue, peau de serpent, piquants de hérisson, bois de mserser[1], feuilles de thuya, etc.

Et l'enfant naît, s'il plaît à Dieu !

*

Quelqu'un de la maison sort dans la campagne. Lorsqu'il voit un porteur de doum[2] qui a déposé sa charge à terre, il s'approche et, dès que l'autre est reparti, il ramasse une pierre qui se trouvait sous le doum.

Cette pierre est mise sur le feu jusqu'à ce qu'elle devienne brûlante. On la jette alors dans un pétrin neuf rempli d'eau. Après y avoir lavé la patiente, on l'enfume avec du soufre. Puis on met de l'opium sur des braises et on en recueille la fumée dans un bol que l'on emplit d'eau.

En faire boire à la patiente.

---

1. Bois de mserser : racines sèches de Polygonum maritimum (dite renouée maritime) et de Daucus crinitus (carotte sauvage chevelue).
2. Doum : palmier d'Égypte et d'Arabie (palmacées) qui reste nain dans certains pays méditerranéens.

RECETTES MATRIMONIALES

REMÈDES CONTRE LE CÉLIBAT[1]

La fille ou la femme qui désire se marier taillera, dans sa chemise, une lanière d'étoffe à sa grandeur, de la tête aux pieds. Elle la coupera en sept morceaux et enfermera dans chacun un peu de la poudre des sept « épices mâles » pilés ensemble.

La nuit, lorsque plus personne ne passe dans la rue, elle disposera les sept mèches d'étoffe dans une veilleuse allumée au seuil de sa porte, et, sept fois de suite, elle répètera :

> *O mon époux !*
> *Viens chez moi.*

En sorte qu'elle ne tardera point à être demandée en mariage.

Prendre une vieille corde de moulin et la brûler un vendredi. A l'heure où chante le muezzin, la célibataire, pressée de se marier, se passe un peu des cendres de la corde, au milieu du menton et du front, en disant :

> *Allah est le plus grand !*
> *Le célibat tombe...*
> *Quelqu'un est venu à la porte. (Le mari.)*

---

1. Les Marocains ne font pas de différence entre les remèdes de ce genre et les remèdes contre les maladies. (*Note de l'auteur.*)

Elle répète cela trois fois, sur sa terrasse, y reste debout jusqu'à ce qu'un homme de sa maison, — père ou frère, — rentre de la mosquée. Alors elle lui demande :

— As-tu prié ?

Selon la coutume, il répond :

— Nous avons prié. Allah complètera.

Mais, en son âme, elle dit tout bas :

— C'est celui qui vient qui complètera…

Et elle va se laver le visage.

※

La célibataire va au hammam, y prend un petit éclat de bois, le met dans un brûle-parfums et s'en enfume.

※

La célibataire enferme du henné dans un chiffon et le fait porter dans une ruche, un mercredi. Le lendemain, quand on le lui rapporte, elle passe ce henné sur sa tête, et elle fait vider au souk des ânes — qui se tient le jeudi, — l'eau dans laquelle ses cheveux ont été rincés.

※

REMÈDES À L'USAGE DES MARIÉES ET DES ÉPOUSES

REMÈDE POUR « RENDRE À UNE MARIÉE DÉFLORÉE AVANT SES NOCES L'APPARENCE DE LA VIRGINITÉ »

Piler de la noix de galle, de l'alun et la « bouche d'une grenade ». La matrone en saupoudre la mariée, où il convient.

Ce remède ne réussit que si elle est encore toute jeunette. Pour celles qui sont nubiles, il n'y a pas de remède. « Heureusement, car s'il en existait un, aucune fille n'arriverait vierge à son mariage ».

REMÈDE « LORSQUE LA MARIÉE ÉTANT TRÈS ANÉMIQUE, ON CRAINT QUE SES PREUVES N'APPARAISSENT PAS SUFFISAMMENT »

Piler et passer de l'alun, que la mariée s'introduit avant de partir pour la maison nuptiale.

REMÈDES POUR S'ASSURER LA SUPRÉMATIE DANS LA MAISON

Lorsque la mariée monte sur la mule, une de ses parentes enduit les semelles de ses babouches avec du « hani el bra », que l'on retire avant qu'elle ne descende, et l'on suspend à son caftan un petit morceau de peau de lion, acheté au souk des apothicaires.

Au moment de franchir le seuil conjugal, la mariée dit :

> — *Hani el bra !*
> *Que cette femme ne reste pas avec moi !*
> *Je suis entrée ici avec de la peau de lion,*
> *Soyez tous devant moi,*
> *Comme la hyène devant le lion !*

La mariée met, dans « l'eau de son mari », une tête de pain de sucre et du coton acheté dans une boutique faisant face à la mosquée. Puis elle les enferme dans un sachet qu'elle suspend à son caftan en disant :

> *Ce n'est pas ton eau que j'ai prise,*
> *C'est ton entendement !*

Au matin de la nuit nuptiale, la mariée urine dans sa main et en verse, sept fois de suite, le contenu dans un bol. Lorsqu'on fait le thé pour son mari, elle vide ce bol dans la théière en disant :

> *Je t'ai fait prendre de mon eau,*
> *Afin que tu ne voies plus que par mes yeux,*
> *Que tu n'entendes plus que par mes oreilles,*
> *Que tu ne parles plus qu'avec mes paroles !*

La mariée crache dans la théière en disant :

> *Je te donne ma salive*
> *Pour adoucir ton cœur,*
> *Pour que tu oublies tout,*
> *Même ton frère de père et de mère !*

Le jour de la ceinture (septième jour après le mariage), une femme, proche de la mariée, pile un lézard dans le « zenzar el araki »[1] destiné aux tatouages et elle le mêle subrepticement à celui dont la première épouse se fait des arkous (ornements de visages). Celle-ci désormais « ne brillera pas plus qu'un lézard aux yeux du mari commun ! »

❧

Le dernier jour des noces, la co-épouse entre chez la nouvelle mariée. Chacune s'efforce d'embrasser l'autre sur le dessus de la tête et de poser son pied sur celui de sa rivale. Celle qui y parvient sera la plus forte dans la maison.

REMÈDES POUR QUE LE MARI RESTE FIDÈLE À SA FEMME
(également efficaces pour rabonnir les maris violents)

Lorsque son époux est endormi, la femme lui pose sur les lèvres une mèche de soie verte. Le lendemain, elle fait enterrer cette mèche dans un vieux tombeau d'inconnu.

❧

Mesurer le mari, pendant son sommeil, avec le fil d'un rouet. Ensevelir ce fil dans une cotonnade neuve, ainsi qu'on ferait d'un mort, et l'enterrer.

❧

Mêler, à la nourriture du mari, des ossements humains pilés et de l'eau qui a servi à laver un cadavre.

---

1. Zenzar el araki (zenjar al-iraki) : zenjar d'Irak ; vert-de-gris naturel.

Aller au cimetière, la nuit, y déterrer un cadavre récemment inhumé, l'asseoir sur ses genoux et, lui prenant les mains, lui faire pétrir un pain. Dès que le mari aura mangé ce pain, il deviendra, entre les bras de sa femme, aussi docile que le mort.

Acheter un couteau neuf, sans le marchander. Le poser, dès l'aube, sur le pas de la porte. Au moment où son mari va sortir, la femme retire le canif en appelant l'homme par son nom :
— O Si[1] un tel !
A sa demande :
— Qu'y a-t-il ?
Elle ne répond rien, mais elle dit tout bas, en fermant le canif :

> *Arrête-toi !*
> *Qu'aucune autre que moi*
> *Ne soit femme pour toi !*

L'épouse demande un peu d'argent à sept maris et femmes qui n'ont jamais été mariés qu'ensemble. Elle achète des figues, les porte au cimetière et les distribue aux pauvres. Elle enlève un clou à une tombe et le porte sur elle jusqu'à ce que son époux aille « faire voler son eau ». Alors, aussitôt, elle pénètre dans la « chambre des ablutions » et plante le clou au milieu de « l'eau ».

---

1. Si (diminutif de Sidi) : Monsieur.

REMÈDES POUR GUÉRIR UN MARI DE LA MAUVAISE HABITUDE DE BATTRE SA FEMME

Un envoyé de la femme va au Mellah (quartier des Juifs) acheter à un rabbin, maître d'école talmudique, la baguette dont il frappe ses élèves. Puis il dérobe le bâton d'un Juif aveugle, et se sauve...

L'épouse place le bâton sous le matelas de son mari, et, tandis qu'il dort, elle le frappe légèrement, sept fois, avec la baguette.

Elle devra recommencer sept nuits de suite, et agir avec précaution, afin que son mari ne s'éveille pas.

❧

L'épouse maltraitée peut, également se procurer des moustaches de hyènes. Elle les fera brûler, et en mêlera les cendres au café de son mari.

Le remède est plus actif si elle lui fait prendre de la cervelle de hyène, dans la harira (soupe très épicée) qu'il prend chaque soir.

Quand l'époux a subi ce traitement durant trois jours, à son insu, il devient facile et patient.

REMÈDES POUR FAIRE REVENIR UN MARI ABSENT

A l'heure où tout le monde dort, l'épouse fait brûler du benjoin noir et du benjoin blanc.

Elle s'accroupit au-dessus du « canoun », de façon à ce que la fumée la pénètre, et elle dit :

> *Les gens t'appellent « ma chose ».*
> *Moi, je te nomme : « Madame la folle ».*

> *Attire un tel, fils d'une telle,*
> *Fût-il en pays inconnu.*

La femme dépose son « canoun » sur le pas de sa porte et y fait brûler de la carraouia (carvi). Les voisines, en passant, ne manquent pas de dire :

> *O carraouia !*

A quoi l'épouse répond :

> *O ma petite mère. O ma chérie !*
> *Fais revenir mon époux,*
> *Tout de suite ! Tout de suite.*

Et le mari revient dans les quarante jours.

Elle peut remplacer la « carraouia » par du thuya et dire :

> *O thuya !*
> *O Père de la vigueur !*
> *Toi qui tannes ta chamelle*
> *Et les peaux,*
> *Ramène vers moi mon époux,*
> *Serait-il égaré dans le pays des Juifs !*

L'épouse prend un linge dont son mari s'était servi après avoir accompli sa chose habituelle.

En sept mèches égales, elle le coupe, puis elle les emplit de tabac, les dispose tout autour de sa chambre et les allume pendant la nuit.

⁂

La femme, dont le mari est absent depuis bien des jours, mélange une livre de thym, une de pouliot, une de lavande et une de giroflée.

Elle en fait sept parts et, durant une semaine, à l'heure où le muezzin annonce le Moghreb[1], elle fait brûler une de ces parts sur le septième d'une livre de charbon.

Pendant l'opération elle dit :

> *O Pouliot !*
> *Trouble sa tête !*
>
> *O Thym !*
> *Donne-lui l'impatience !*
>
> *O Lavande !*
> *Amène-le de toute façon !*
>
> *O Giroflée !*
> *Fouette-le, par n'importe quel vent !*

Au bout de sept jours, son mari revient, si Allah le permet.

⁂

---

[1] Moghreb : prière du coucher du soleil.

Quand un mari part en voyage, sa femme, qui est pressée de le revoir, doit dire, au moment où il franchit la porte :

> *Que le ciel soit, sur ta tête, celui brûlant de l'Inde !*
> *Que le sol soit, sous tes pieds, comme le foie d'un chien !*
> *Afin que tu reviennes vite, vite !*
> *Jusqu'à mon cher petit endroit.*

REMÈDES « POUR AUGMENTER L'ARDEUR D'UN MARI »

Chaque soir, durant sept jours, la femme s'introduit une datte qu'elle garde toute la nuit. Au matin, elle la retire et s'arrange pour la faire manger à son mari, sans qu'il se doute de la chose.

En l'absence de son mari, l'épouse prend un petit morceau de viande qu'elle s'introduit. Ensuite, elle le retire et le suspend au mur. Dès que rentre son mari, elle fait griller cette viande et la mêle à celle dont il mangera.

La femme s'écorche légèrement, avec un couteau, en sept parties de son corps : derrière l'oreille, à la joue, au bras, au pied, à la cuisse, au sein droit, et… Puis elle pétrit un peu de pâte et y recueille du sang aux sept endroits écorchés. Elle y ajoute du miel et fait frire dans du beurre un gâteau qu'elle servira à son époux.

« Après avoir fait sa chose avec son mari », la femme imbibe la tête d'un pain de sucre. Puis, elle l'enferme avec les sept épices mâles dans un sachet qu'elle suspend à son caftan.

(La tête du pain de sucre étant employée par les femmes en maintes pratiques analogues, certains maris musulmans ont la sage précaution de toujours faire décapiter devant eux les pains de sucre et d'en prendre la tête.)

Au moment où paraît la première lune du mois, l'épouse monte à sa terrasse, avec une parente ou une amie qui lui est très chère.

Elles disposent deux plats, l'un plein d'eau, l'autre vide, ainsi que la peau d'un mouton tué à l'Aïd el Kebir. La femme remplit ses deux mains de farine qu'elle verse sur cette peau. Puis, caftans troussés, elle s'accroupit successivement dans le plat d'eau, dans la farine et au-dessus du plat vide. L'amie, armée d'un petit balai, y fait tomber la farine qui s'est collée à son fond.

L'épouse continue ce manège jusqu'à ce qu'elle ait ainsi transporté toute la farine, dans le plat vide. Le lendemain elle en pétrira un pain pour son mari.

L'épouse prend le linge « dont son mari s'est servi, après avoir fait sa chose avec elle, un mercredi. »

Elle le met tremper toute la nuit dans de l'eau d'oued (l'eau des puits ne convient pas). Le lendemain matin, elle exprime cette eau dans de la farine et pétrit un pain qu'elle fait manger à un chien.

L'épouse prend le linge « dont son mari s'est servi un dimanche. » Elle le fait tremper et en exprime l'eau sur du grain qu'elle jette aux pigeons.

❦

L'épouse prend « le linge du mardi ». Après l'avoir fait tremper, dans de l'eau d'oued, avec quatre onces de faux-fenouil, elle laisse pourrir le tout jusqu'à ce que les vers s'y mettent. Puis, elle le vide sur la peau d'un mouton égorgé à l'Aïd el Kebir, et elle remue le mélange au soleil, avec une cuillère, jusqu'à ce qu'il se dessèche.

Chaque fois que son mari veut embaumer ses vêtements, elle ajoute subrepticement, dans le brûle-parfums, un peu de ce remède.

❦

L'épouse met « le linge du jeudi » dans une petite marmite de terre toute neuve, avec du thym, de la lavande sauvage, du safran, de la résine, de la menthe, de l'eau-de-vie de figues, de la graisse de rognons d'un mouton tué à l'Aïd el Kebir, une plante poussée dans un cimetière et de l'eau d'oued.

Elle fait cuire le tout jusqu'à ce que même la marmite se carbonise. Et elle répète :

> *O marmite !*
> *Brûle ! Brûle !*
> *Afin que je sois pour lui*
> *Comme le sultan pour son vizir.*

Elle recueille les cendres et les mêle à la nourriture d'un chien.

❦

L'épouse coupe un petit morceau du « linge du dimanche ». Elle l'introduit dans la coquille d'un œuf vide, avec des feuilles de basilic. Elle enterre cet œuf sous les cendres du canoun et allume le feu au-dessus.

Le canoun doit rester ardent pendant sept jours, dans la chambre de la femme, sans que personne le voie et sans qu'elle donne de feu à personne.

Au bout de ce temps, le mari sera devenu, pour sa femme, aussi brûlant que le feu.

❧

Prendre un oignon poussé dans un cimetière, le vider, y introduire « le linge d'un jour de souk », avec du benjoin et de la lavande. Recouvrir l'oignon d'une couche d'argile, le mettre dans le canoun et allumer le feu.

❧

L'épouse coupe, en sept morceaux, « le linge du mardi ». Elle emplit chaque morceau avec les sept épices mâles, du benjoin et du faux fenouil pilés ensemble et en fait sept mèches qu'elle roule sur sa cuisse droite, tandis qu'elle répète :

> *J'ai roulé ce qui est à toi,*
> *Afin que tu oublies ta mère,*
> *Afin que tu oublies ta sœur,*
> *Et que, même les prostituées,*
> *Tu ne les regardes plus.*

Puis, elle dispose les mèches dans un tesson de poterie, plein d'huile, qu'elle a dérobé au hammam. Elle humecte de l'argile avec de l'eau de rose, en pétrit un petit bonhomme, à la ressemblance de son mari, le campe devant la veilleuse et répand autour de lui du benjoin blanc et noir.

Tout cela doit être accompli dans un lieu très secret, où nul ne le découvre.

Le lendemain, la femme recueille les cendres de la veilleuse et les mêle à la nourriture d'un chien.

☙

L'épouse, à qui son mari n'accorde pas « ce qui est son droit », s'en va chez le marchand de têtes de moutons.

Elle demande :

Combien la tête ?

— C'est tant, répond le marchand.

Elle se tait, mais murmure en elle-même :

— Qu'ai-je à faire de cette tête-là ? C'est ton appréciable chose que je nomme ainsi...

Et elle s'en va.

Lorsque son mari rentre chez lui, elle dit :

— J'ai envie d'une tête de mouton !... Il faut absolument que tu m'apportes une tête de mouton !

Et, comme les maris savent qu'il n'est pas bon de contrarier les désirs de leurs femmes, celui-ci va au souk et achète, pour son épouse, une belle tête de mouton. Elle en enlève soigneusement les cornes et la nettoie dans une eau qu'elle emporte à la « chambre aux ablutions ». Avec cette eau, elle se lave là où elle doit se laver, en disant :

> *M'étant lavée avec cette eau de tête*
> *Ta « tête » doit venir jusqu'à moi.*

Puis elle fait cuire la tête de mouton dans un couscous, et, devant les femmes qui mangent avec elle (parentes ou esclaves) elle fait comme si elle était prise de folie, elle se précipite sur le plat, avant qu'aucune autre y ait touché et arrache un œil qu'elle avale, en disant :

— J'ai mangé l'œil !

Une oreille en disant :

— J'ai mangé l'oreille !

Et ainsi de suite, pour les différentes parties de la tête.

Ce sont ces paroles-là que les autres entendent, mais, à chaque fois, la femme prononce en son âme :

— C'est ton appréciable chose, ô mon époux, que je mange !

REMÈDE « POUR DIMINUER L'ARDEUR D'UN MARI QUI USE TROP SOUVENT DE SON ÉPOUSE »

La femme doit recueillir, au hammam, un peu de l'eau sale qui s'écoule dans le conduit. Elle en pétrit un « kerchel » (petit gâteau fait de farine, de levain, d'anis, de sucre et de gomme sandaraque), qu'elle fait manger à son mari, sans qu'il se doute de la particularité de ce gâteau.

REMÈDES À L'USAGE DES CO-ÉPOUSES

REMÈDES POUR RAVIR LA VIRGINITÉ DE LA NOUVELLE MARIÉE QUE L'ÉPOUX AMÈNE EN SA MAISON

La première épouse fait dérober, dans la maison de sa rivale, la jeune mariée, un os d'un mouton tué pendant les fêtes du mariage. Elle en retire la moelle, et, au moment où la jeune fille arrive au domicile conjugal, elle souffle de toutes ses forces dans le creux de l'os. Aussitôt la virginité de la mariée est rompue, en sorte que le mari, déçu, fait un grand scandale et renvoie honteusement sa nouvelle épouse.

Il faut qu'une femme, esclave, parente ou amie de la première épouse, « introduise son doigt dans la chose de la mule » qui transporte la mariée au logis nuptial, et revienne aussitôt enfoncer son doigt dans un citron, plein de poivre soudanais, que la co-épouse a soin de tenir dans sa main, derrière la porte de sa maison.

Aussitôt la virginité de la mariée est brisée.

Ce moyen est très difficile à employer, parce que, dans sa crainte, deux femmes de la maison de la jeune fille ont toujours la précaution d'envelopper la mule d'un drap blanc et de tenir celui-ci bien appuyé sur l'arrière-train de la bête, tout le long du chemin.

La co-épouse prend quelques grains de semoule dans le couscous. Elle les fait remettre à un homme qui les mélange, dans son fusil, avec de la poudre, et s'en va tirer un coup de feu hors de la ville. A ce moment précis, la nouvelle mariée est déflorée avant d'avoir connu l'époux.

REMÈDES POUR ATTIRER LE MALHEUR SUR UNE NOUVELLE MARIÉE

La première épouse envoie acheter, chez le barbier, une dent qu'il a arrachée un samedi. Elle la cache sous le lit préparé pour les nouveaux époux. Elle enduit le seuil de la maison avec du goudron liquide, dans lequel ont macéré du poivre soudanais et sept têtes d'allumettes. Derrière la porte de la maison nuptiale, que la mariée va franchir, elle place un chaudron renversé et se tient elle-même vêtue d'un caftan noir et le visage orné d'arkous (sortes de tatouages) noirs, afin que la jeune épouse ne voie pas autre chose que du noir, en pénétrant dans la maison de son époux.

Prendre le fiel d'une grenouille vivant dans le doum (palmier nain). En enduire le seuil de la maison. Mettre des poils recueillis au ventre d'une chienne, sous le lit nuptial. « Ainsi, la jeune épouse ne sera pas autre chose qu'une chienne aux yeux de son mari. »

Au moment où la mariée entre dans la maison conjugale, la co-épouse se rend à la « chambre de l'eau » et retrousse ses caftans. Une de ses proches lui arrose le derrière, avec de l'eau glacée, afin que « ce qui va se passer pour la mariée, » se passe mal…

REMÈDES À L'USAGE DES MARIÉES POUR DÉJOUER LES PRÉCÉDENTS

Les parentes de la mariée ont soin de se procurer un peu de l'orge qu'un âne a laissée au fond du sac où l'on met sa pitance. Elles y mêlent des grains d'anis et placent le tout sous le lit nuptial. Puis elles enfument la chambre avec « l'encens puant » et la corne tombée du sabot d'un âne, au moment où on le ferre.

Des parents proches de la mariée tuent un chien, et l'emportent, au cœur de la nuit, jusqu'à un carrefour. Ils lui coupent la tête, en arrachent les canines et les teignent au safran. Puis ils vont en enterrer la tête devant le seuil de la maison nuptiale, ainsi qu'une livre de soufre et une livre de charbon. Ils enfument la porte avec les canines qu'ils font brûler dans le brûle-parfums.

REMÈDES À L'USAGE DES BELLES-MÈRES

REMÈDES POUR DÉTACHER LEUR FILS, NOUVEAU MARIÉ, D'UNE ÉPOUSE TROP AIMÉE

La belle-mère prend « un linge » de sa bru. Elle le lave et en exprime l'eau dans la nourriture de son fils.

La belle-mère lave le fil qui noue un collier de la nouvelle épouse. Elle en verse l'eau dans la nourriture de son fils, en disant :

> *Je t'ai donné la saleté de sa nuque,*
> *Tu ne la regarderas plus jamais,*
> *Tes yeux seraient-ils placés*
> *Derrière ton crâne !*

La belle-mère prend la tête d'une allumette, la tête d'un piment rouge et du goudron. Elle les enferme avec du zenzar el araki (*bleu*) dans « le linge » dont son fils s'est servi un samedi. Elle fait cuire le tout en disant :

> *J'ai mis le zenzar el araki,*
> *Pour qu'il vous sépare à jamais !*

Avec le mélange, elle enduit la semelle d'une babouche droite de l'époux et celle d'une babouche gauche de la jeune femme. Elle en enduit également leur couche et le seuil de leur porte.

RECETTES DE BEAUTÉ

CONSEILS POUR LE HAMMAM

En entrant dans l'étuve, la femme fait très soigneusement ses ablutions en disant :

> *O Seigneur !*
> *Je me purifie de cette impureté !*

Puis elle va s'asseoir avec les autres femmes. Elle se frotte et se savonne, ou se laisse frotter par son esclave qui lui verse de l'eau chaude sur le corps, lui dénoue les cheveux, les enduit de rassoul (sorte de terre savonneuse que l'on trouve aux environs de Fès) à l'eau de rose, ou de fleur d'oranger. Elle passe plusieurs heures dans l'étuve et se rince avec beaucoup d'eau chaude, puis elle se rhabille et rentre dans sa maison. Là, elle se farde, se parfume, se noircit les yeux, et chacun lui dit :

> *La santé sur toi !*
> *Beni soit ton hammam !*

REMÈDES POUR EMPÊCHER DE VIEILLIR

Faire ses ablutions, pour les prières, avec de l'eau extrêmement froide.

※

Piler du gingembre, des clous de girofle, de la muscade du Sahara, et de la racine de galanga. Y ajouter de l'huile ou du miel. En prendre deux cuillerées chaque matin et chaque soir.

« Mon grand-père[1] n'a jamais manqué de prendre ce remède, depuis sa jeunesse, et maintenant qu'il est extrêmement vieux et chargé d'années, il est resté solide et vif comme un jeune homme. Il s'occupe de ses affaires, il voyage, il a plusieurs femmes, et elles enfantent tous les ans. »

REMÈDES POUR S'ÉPILER

Mettre, dans de l'eau, des cendres, du savon, de la chaux ; faire bouillir et ajouter ensuite du rasoul jaune. Poser tiède sur l'endroit à épiler, puis laver avec de l'eau chaude.

༄

Si l'on veut s'épiler de manière à ce que les poils ne repoussent jamais, il faut les arracher un à un, avec les doigts, et recouvrir l'endroit épilé avec un mélange de limaille et de cervelle de bouc.

REMÈDES POUR ENGRAISSER

Rouler une livre de lavande avec une livre de farine, et faire cuire comme du couscous. Mettre à sécher au soleil et en manger durant quarante jours.

༄

Mettre de la viande de chameau, dans un plat, avec de la salsepareille. La laisser ainsi toute la nuit. Au matin, ajouter du pouliot roulé avec de la farine, comme du couscous, et faire cuire. Il faut manger ce mets, au lit, en étant très couvert, pour transpirer.

---

1. Les phrases entre guillemets sont toujours les paroles textuelles de la femme arabe qui a indiqué le remède. (*Note de l'auteur*.)

❧

Durant huit jours, mettre 1/8ᵉ de livre de sésame dans 1/3 de litre de lait que l'on absorbe.

❧

Faire venir une Juive-barbier qui entaille, au rasoir, les avant-bras. Recouvrir les entailles avec de l'anthémis pilée.

❧

Faire tremper, pendant sept jours, de la racine de férule et du blé. Mettre à sécher au soleil puis moudre et ajouter de l'anis. Absorber de ce mélange chaque matin, durant 40 jours.

❧

Faire cuire des figues-mâles encore vertes dans la marmite à couscous. Puis y ajouter du miel et du gingembre. En prendre chaque matin.

❧

Mêler à du lait de l'ambre-femelle (l'ambre de bonne qualité étant appelée ambre-mâle). Déposer le remède au pied d'un minaret et l'y laisser toute la nuit. En prendre chaque matin.

❧

Égorger une jeune poulette sur le point de pondre son premier œuf. La farcir avec les sept épices « têtes de la boutique ». La faire cuire à la vapeur. Aller au hammam, et manger toute la poule au retour.

※

Piler du cumin et de l'ail. En former des boulettes que l'on avale chaque matin, durant sept jours.

REMÈDES POUR BLANCHIR LE VISAGE

Mâcher des amandes d'abricot, en étendre la pâte sur le visage et passer ainsi toute la nuit. Se laver au matin à grande eau.

※

Mâcher du blé, le mélanger avec du levain très sur, de quatre ou cinq jours. Enduire le visage avec cette pâte et le laver au matin.

※

Étendre sur le visage une pâte faite avec du fenugrec pilé et de l'eau.

※

Piler un coquillage vierge (on nomme ainsi ceux qui n'ont pas d'ouverture) et le mélanger à l'urine d'un jeune garçon impubère. Étendre sur le visage.

Piler des « coquillages vierges », les mêler à du lait. S'en laver le visage.

Au moment où l'on récolte l'orge nouvelle, les femmes en mâchent des grains, qu'elles étendent ensuite sur leur peau, afin de la rendre douce et blanche.

Piler du safran, de la cannelle et une grosse datte. Y ajouter de la pommade de « ghalia » dont on s'enduit le visage, durant sept jours.

La femme qui veut s'embellir doit se procurer l'urine d'un jeune garçon sur le point de devenir pubère. Elle en délaye de la farine de fèves, et va, furtivement, un soir, déposer le mélange au pied d'un minaret.

Le lendemain matin, elle verse la préparation sur un plateau neuf, n'ayant jamais servi, et l'expose au soleil. Lorsque la pâte est desséchée, elle la pile au mortier et s'en poudre le visage, chaque nuit.

Piler de la gomme sandaraque, la délayer avec du sang de porc-épic ; étendre ce remède sur le visage, durant sept jours.

❧

Une excellente pâte de beauté est faite avec de la cervelle de bouc, de la limaille de forgeron et une dent de négresse que l'on réduit en poudre.

Pour se procurer cette dent, il suffit d'aller chez le barbier qui a souvent occasion d'en arracher.

Les femmes étendent cette pâte sur leur visage, chaque matin, durant sept jours.

❧

Piler une coquille d'œuf, un morceau d'une poterie d'argile cassée avant sa cuisson, et sept grains mâles : clou de girofle, lavande, benjoin noir, thuya, coriandre, harmel, pavot.
Lier la pâte avec du jus de citron, et l'étendre sur le visage.

❧

Le jour de l'Aïd el Kebir, il faut avoir soin d'exposer au soleil le gros intestin, plein d'excréments, d'un des moutons égorgés pour la fête.

Lorsqu'il est complètement desséché, les femmes le pilent avec du henné, y ajoutent de l'eau, et s'en enduisent entièrement le visage. Puis elles vont au hammam et se lavent à grande eau. C'est ainsi que leur peau devient fine et plaisante au toucher.

❧

Se frotter le visage avec de l'huile dans laquelle des clous de girofle et du safran ont macéré.

Lorsqu'un célibataire se marie, les femmes coquettes tâchent de se procurer la poussière attachée aux semelles de ses babouches.

Elles la font cuire avec des coings, dans la marmite à couscous, et elles couvrent leur visage avec ce mélange, encore chaud, dont l'effet est surprenant.

Quand l'époux est sorti de la chambre nuptiale, la neggafa (maîtresse des cérémonies) s'empare du pantalon de la mariée, et le présente aux femmes assemblées pour les noces. Celles-ci se réjouissent, poussent des you-yous, et se bousculent autour de la neggafa, pour frotter des linges sur le sang nuptial. Ces linges portent bonheur et servent à guérir toutes sortes de maux. On peut également en faire macérer dans de l'eau de rose, avec laquelle on délaye un morceau de porcelaine blanche réduite en poudre. Cette préparation, étendue sur le visage, en avive la beauté.

Piler des lentilles, ajouter du jus de citron. Étendre sur le visage.

Certaines femmes sont blanches et brillantes comme des lunes. C'est parce qu'elles s'enduisent, chaque jour, le visage avec du beurre auquel elles ont ajouté le foie d'un chevreau mort-né et des intestins de porc-épic, desséchés et réduits en poudre.

※

Des grains de chanvre et du levain d'orge, desséchés, moulus et délayés avec l'urine d'un jeune nègre impubère, forment une pâte excellente pour la peau. Les femmes s'en enduisent le visage, chaque soir, puis elles le lavent à grande eau, le matin.

※

Piler des grains de genièvre, y ajouter un blanc d'œuf, et s'en enduire le visage.

※

Avant d'entrer au hammam, il est bon d'étendre, sur son visage, une pommade composée de savon, jus de citron, fleur de cendre et carmin.

※

La femme qui veut dépasser toutes les autres, quant à la beauté, fait carboniser le « linge dont un nègre et une négresse se sont servis, après avoir accompli leur chose habituelle ». Elle mêle du henné à ces cendres, et les délaye avec un peu d'eau. Il en résulte une pâte qui rendra son visage éclatant.

A défaut du linge de nègres, elle peut employer celui d'une prostituée. Mais dans l'un et l'autre cas, le linge doit avoir été volé, pour que le remède soit efficace.

FARD POUR RENDRE LE VISAGE ÉBLOUISSANT

Faire fondre du beurre, y ajouter de la céruse, du carmin, du benjoin blanc et du bois de Comari pilés.

Il faut, à l'époque des citrons, en éplucher, soi-même, une certaine quantité.

On fait sécher, sur la terrasse, les épluchures que l'on pile ensuite, au mortier, avec du café vert. Puis on y ajoute des blancs d'œufs. Ce fard, étendu sur le visage, lui donne un éclat étonnant.

Mêler du carmin, du fenugrec et un jaune d'œuf. En oindre le visage avant d'aller au hammam.

REMÈDES POUR EMBELLIR LES YEUX

Piler de l'alun et y mêler le jus d'un citron acide. En frotter les yeux, puis mettre le kohol. Ce remède est extrêmement cuisant, mais il donne beaucoup d'éclat au regard.

Nettoyer les yeux avec un chiffon de laine et du savon. Faire brûler du bois de Comari dans le brûle-parfums et en recevoir toute la fumée dans les yeux. Puis les noircir au kohol.

⚜

Faire cuire du miel avec des pelures d'oignon, et verser chaud sur les yeux, qui deviendront plus brillants.

⚜

Soulever les paupières et frotter les yeux avec des épluchures de radis.

⚜

Si l'on peut recueillir de la pisse de chat, on y ajoute de l'alun grillé et pilé, et l'on y trempe un linge dont on se bande les yeux. Ce remède leur donne un éclat insoutenable.

⚜

Mâcher du pouliot, le cracher sur un linge avec beaucoup de salive et s'en frotter les yeux.

⚜

Carboniser un crapaud, le piler, et s'en noircir les yeux.

PRÉPARATION DU KOHOL POUR LES YEUX

Le kohol que les femmes préparent dans leur maison est le meilleur. Il se compose de : clous de girofle, corail, noyaux d'olives noires, un grain de poivre et pierres de kohol (antimoine). Le tout doit être pilé par sept petites filles pas encore nubiles, ou par une femme « dont l'heure est passée ». Tamiser la poudre, à travers un mouchoir, et l'étendre sur les cils et les sourcils.

※

Le kohol vendu dans les souks est fait avec de l'antimoine, du poivre soudanais et des noyaux d'olives noires. Les marchands n'ont pas la précaution de le faire piler par sept petites filles ou par une femme mûre, aussi ce kohol ne vaut-il pas grand'chose.

※

Un kohol de dernière qualité est fait encore avec un chiffon de laine trempé dans de l'huile et carbonisé.

BEAUTÉ DES SOURCILS

Les sourcils que l'on noircit avec des amandes amères carbonisées, deviennent très longs et très beaux.

※

Des cheveux de négresse carbonisés, et la suie du chaudron posés sur les sourcils, un vendredi, à l'heure de la prière.

POUR LA BEAUTÉ DES LÈVRES

Les femmes qui ont soin d'étendre, sur leurs lèvres, le cérumen qu'elles ont extrait de leurs oreilles, ont une bouche douce et lisse, aux lèvres semblables à de la soie.

Poser de la cendre et du savon mou sur un couteau, et s'en frotter les lèvres qui deviennent noires et luisantes.

Les Marocaines coquettes noircissent leur lèvre inférieure avec des écorces de noyer. Ainsi les dents paraissent plus éclatantes.

REMÈDES POUR BLANCHIR LES DENTS

Piler de la noix de galle, des feuilles de chêne-liège et de l'alun. Faire chauffer un petit morceau de viande de bœuf, le rouler dans cette poudre et s'en frotter les dents.

Passer du souak (écorce de noyer) sur les gencives et les dents.

Piler du charbon de bois avec du sucre et en frotter les dents.

❧

Mettre du sable et de la cendre dans un chiffon de laine avec lequel on se frotte les dents.

❧

Faire bouillir de l'addad (*atractylis gummifera*), se rincer les dents avec cette eau et la cracher ensuite, car ce remède est un poison.

BEAUTÉ DES DENTS

Le barbier entaille le dessous du menton et tire un peu de sang avec une ventouse de cuivre. Ainsi les dents deviennent plus luisantes.

Pour les femmes, il y a des Juives-barbiers qui vont de harem en harem. Elles savent pratiquer les saignées, arracher les dents, et elles ont beaucoup plus de malice que les barbiers-mâles…

❧

S'emplir la bouche de thym pilé, et la garder, durant une ou deux heures, bien fermée par un bandage, de manière à ce que le souffle ne s'en échappe pas.

POUR EMPÊCHER LA CHUTE DES DENTS

On fait cuire de la viande de bœuf jusqu'au moment où le sang commence à sortir. On prend un petit morceau de la viande que l'on trempe dans le sang, puis dans une poudre faite d'orties séchées, de noix de galle, d'alun, et l'on s'en frotte vigoureusement les gencives et les dents.

❦

Piler de la résine et du benjoin blanc. Y ajouter le jaune d'un œuf pondu le jeudi, et s'en frotter les dents.

REMÈDES POUR RÉDUIRE LA GROSSEUR DES SEINS

Se lever de bon matin ; frotter les seins avec du sel que l'on jette ensuite dans le puits. A mesure que le sel fondra, les seins diminueront.

❦

Couper la baguette d'un fusil à la mesure du sein, et l'enterrer dans un endroit où l'on ne passera plus jamais.

❦

Se frapper sept fois la poitrine avec les babouches d'un jeune homme célibataire.

REMÈDES POUR AUGMENTER LA GROSSEUR DES SEINS

Frotter les seins avec des fèves, que l'on jette ensuite dans un puits en disant :

> *O fèves, quand vous enflerez,*
> *Eux aussi enfleront…*

POUR NOIRCIR LES CHEVEUX BLANCS

Faire infuser, dans de l'eau, des écorces de grenade, du henné et du salpêtre. Passer le remède sur les cheveux.

REMÈDES POUR FAIRE POUSSER LES CHEVEUX

Il faut prendre un serpent, le couper en deux, l'emplir de grains de blé et l'enterrer. Les cheveux pousseront à mesure que lèvera ce blé.

❧

Oindre les cheveux avec de l'huile dans laquelle on a fait infuser du safran.

❧

Étendre du goudron sur la chevelure, puis l'enduire d'une huile dans laquelle on a fait macérer de l'addad (*atractylis gummifera*), du mercure et du tabac à priser.

RECETTES

CONTRE DIVERSES CALAMITÉS

RECETTES CONTRE DIVERSES CALAMITÉS

REMÈDE POUR FAIRE CESSER LA PLUIE

Une femme, — qui était vierge et dont le mari était célibataire, lors des noces, — doit acheter une grande aiguille, dans une boutique située à côté d'une mosquée. Elle monte sur sa terrasse, plante l'aiguille dans la gouttière, trousse par trois fois ses caftans et tend son derrière vers le ciel en disant :

> *Découvre-toi, ô ciel !*
> *Sinon, c'est celui-là que je découvrirai...*

REMÈDE CONTRE LA SÉCHERESSE

Lorsque la pluie ne tombe pas à son époque, il faut plonger, dans de l'eau, la main d'un nouveau-né dont on n'a pas encore regardé le sexe, et la pluie ne tardera pas à tomber.

REMÈDE POUR EMPÊCHER LES ESCLAVES DE CASSER LA VAISSELLE

On les conduit, un jeudi, dans la « chambre aux ablutions » et on les oblige à projeter « leur eau » sur leurs mains.

REMÈDE POUR EMPÊCHER LES GENS DE CRIER

Le premier jour de Ramadan, au lieu de fermer la marmite à couscous avec un linge, on peut la luter avec de la pâte à pain. Lorsque celle-ci est desséchée, on la pile au mortier. Si l'on mêle un peu de cette poudre à la nourriture d'un mari, d'une belle-mère ou autres gens d'humeur difficile et criarde, leur colère se trouvera enfermée en eux-mêmes, aussi hermétiquement que l'était le couscous dans sa marmite.

Remerciements

Certains noms de plantes donnés en arabe par l'auteur nous ont été très gentiment traduits en français par Monsieur Jamal BELLAKHDAR, pharmacien, docteur en sciences de la vie et chercheur en ethnopharmacologie et ethnobotanique (cf. Bibliographie). Nous l'en remercions vivement.

BIBLIOGRAPHIE

Akhmiss Mustapha, *Croyances et médecine berbères à Tagmut*, Casablanca, Dar Kortaba, 2004

Bellakhdar Jamal, *La pharmacopée marocaine traditionnelle – Médecine arabe ancienne et savoirs populaires*, Paris, Ibis Press, 1997

Bellakhdar Jamal, *Plantes médicinales au Maghreb et soins de base*, Casablanca, Éditions Le Fennec, 2006

Claisse-Dauchy Renée, *Médecine traditionnelle du Maghreb*, Paris, L'Harmattan, 2001

De Lens, Aline R., *Journal 1902-1924*, La Cause des Livres, 2007

Mernissi Fatéma, *Rêves de femmes*, Casablanca, Éditions Le Fennec-Poche, 4ème édition, 2007

Nathan Tobie, Stengers Isabelle, *Médecins et sorciers*, Paris, Éditions Les Empêcheurs de penser en rond, 2004

Schmitz Olivier, *Les médecines en parallèle : Multiplicité des recours au soin en Occident*, Paris, Éditions Karthala, 2006

Schmitz Olivier, *Soigner par l'invisible : Enquête sur les guérisseurs aujourd'hui*, Paris, Éditions Imago, 2006

TABLE DES MATIÈRES

Avant-propos de l'éditeur.................................VII
La Médecine des Indigènes Marocains........................XI
Médecine générale..1
Maladies vénériennes..23
Maladies infantiles...31
Fécondités – Stérilité – Impuissance........................39
Maladies des femmes...49
Recettes matrimoniales......................................61
Recettes de beauté..83
Recettes contre diverses calamités.........................101
Remerciements..104
Bibliographie..105

Achevé d'imprimer en avril 2008
sur les presses de

Imprimerie Najah El Jadida
Casablanca

pour le compte des Éditions du Sirocco

Dépôt légal 2008/0543

Imprimé au Maroc

www.ingramcontent.com/pod-product-compliance
Lightning Source LLC
Chambersburg PA
CBHW010718300426
44114CB00024B/2896